Comprometidos por elección

Colección «SERVIDORES Y TESTIGOS»
69

Judith A. Merkle

Comprometidos por elección

La vida religiosa hoy

Editorial SAL TERRAE
Santander

Título del original en inglés:
Committed by Choice. Religious Life Today
Publicado por The Liturgical Press
Collegeville, Minnesota
© 1992 by The Order of St. Benedict, Inc.
Collegeville, Minnesota

Traducción:
Milagros Amado Mier

© 1999 by Editorial Sal Terrae
Polígono de Raos, Parcela 14-I
39600 Maliaño (Cantabria)
Fax: 942 269 201
E-mail: salterrae@salterrae.es
http://www:salterrae.es

ISBN: 84-293-1327-3
Dep. Legal: BI-2150-99

Fotocomposición:
Sal Terrae - Santander
Impresión y encuadernación:
Grafo, S.A. – Bilbao

A mis padres,
Kathleen y Charles Merkle,
en conmemoración
de sus cincuenta años de matrimonio,
con amor y gratitud.

Índice

CUARTA PARTE:
PROBLEMAS ACTUALES
DE LA VIDA RELIGIOSA

Prólogo

Afrontamos hoy un dilema crítico: ¿cómo explicar lo que la vida religiosa es, su fundamento y su futuro en una época en que todos estos aspectos –que en otro tiempo se daban por descontados– se ven cuestionados? El presente libro se ha escrito en respuesta a este desafío. En él incorporo las voces de algunas de las nuevas teologías postconciliares, que aportan la experiencia contemporánea y adulta de la fe en la Iglesia a la interpretación de la vida religiosa, y lo hago en orden a rearticular su fundamento básico. El desarrollo de estos capítulos no surge del interés por el posible futuro de la vida religiosa (dado que la autora lo da por supuesto), sino de la preocupación por la orientación de dicho futuro.

En estas páginas se desarrollan tres ideas principales. Ser religioso/a hoy significa aceptar la existencia de una cultura que deja poco espacio a un compromiso vital basado en la inspiración religiosa y la preocupación por el desarrollo humano global. Comprometerse es una opción. Crecer como religioso/a significa pasar de un estadio de curación y necesidad de valorar lo personal en las comunidades que surgieron después del Vaticano II, a un sentido más profundo de la misión, la comunidad y la acción generativa en la Iglesia y en la sociedad. Finalmente, para hablar hoy acerca de la vida religiosa necesitamos un nuevo lenguaje que hable a adultos conscientes de su capacidad de dirigir sus propias vidas y el mundo que los rodea. Esto significa que debemos examinar el lenguaje básico utilizado para hablar sobre la vida religiosa, a fin de ver si es adecuado para reflejar la experiencia adulta contemporánea de ser llamado a este peculiar tipo de discipulado.

Esta obra no es un tratado sobre los votos. Habla sobre ellos, pero hace preguntas más fundamentales, dado que las cuestiones que rodean hoy a la vida religiosa son básicas. ¿Existen los votos?; ¿es la vida religiosa una vocación distintiva en la Iglesia, o es la vocación religiosa una ilusión que no posee nada que la singularice? En estas páginas, la vida religiosa es considerada una postura adulta en la Iglesia y una opción categórica, es decir, una opción que elimina otras opciones. En este sentido, presupone, como el matrimonio, la asunción de ciertas orientaciones vitales y la preterición de otras. Es un camino de conversión.

Hoy surgen también otras cuestiones: ¿por qué ser miembro de una congregación religiosa si en la Iglesia es posible trabajar sin estar encuadrado en ninguna de ellas?; ¿cuál es ahora la misión de mi congregación, dado que muchos de los compromisos institucionales del pasado han desaparecido?; ¿en qué se distingue una comunidad religiosa de un grupo de profesionales que comparten un espacio vital?; ¿es la vida religiosa un estilo de vida terapéutico preocupado por la curación de las heridas o satisface una necesidad en la Iglesia y en el mundo?; ¿qué debemos hacer para transmitir nuestro carisma a la próxima generación?

Este libro explora estas cuestiones desarrollando cuatro temas principales.

La primera parte examina la naturaleza de la opción por ser un religioso/a hoy a la luz de las contrapuestas imágenes del éxito y la autonomía en nuestra sociedad. Analiza la naturaleza contracultural del compromiso religioso como un signo, entre otros, de vocación a la vida religiosa.

La segunda parte se fija en el período de transición, en el que las congregaciones religiosas se encuentran después de treinta años de esfuerzos renovadores, y hace las siguientes preguntas: ¿cuáles son los próximos pasos?; ¿qué recursos para avanzar hemos adquirido? Explora en la bibliografía más reciente el desafío a ir más allá del modelo liberal de vida religiosa, a fin de llegar a un nuevo paradigma de autocomprensión y misión.

La tercera parte examina el significado de los votos. ¿Son un camino al cielo o a una nueva tierra?; ¿cómo combinar en nuestro lenguaje sobre los votos la experiencia religiosa básica que los fundamenta y el compromiso con los pobres, la Iglesia y la justicia global que inspiran?

La cuarta parte trata temas habituales en la vida religiosa actual: el futuro de la vida comunitaria, su relación con la Iglesia, y la nueva coparticipación que está surgiendo gracias a la reorganización de las congregaciones religiosas y a las nuevas formas de asociacionismo actuales. Esto plantea la pregunta de cómo será la comunidad religiosa del futuro.

Dado que este texto es fundamentalmente sobre la vida religiosa, he utilizado frecuentemente términos como «compromiso vocacional» y «vida consagrada» para referirme a esta vocación. Lo he hecho siendo consciente de que la vida religiosa no es la única vocación que puede apelar a estas expresiones. Además, esta obra se refiere específicamente a las congregaciones religiosas activas, aunque muchas de sus preocupaciones son compartidas por los religiosos y religiosas de las órdenes contemplativas.

Este libro ha sido escrito fundamentalmente para los religiosos y sus amigos, las personas que están considerando entrar en la vida religiosa y los hombres y las mujeres que colaboran con las congregaciones religiosas como asociados o voluntarios laicos, pero interesará también a cuantos viven el compromiso del sacerdocio, dado que compartimos preocupaciones comunes acerca de una vocación que es un compromiso por elección basado en una experiencia religiosa.

Muchas de las cuestiones abordadas en este libro han surgido en conversaciones que he mantenido no sólo con miembros de mi propia comunidad, sino también con muchas otras personas. Algunas de estas reflexiones empezaron siendo charlas dadas en mi provincia, la provincia de Ohio de las Hermanas de Nuestra Señora de Namur, que después fueron compartidas con otras personas. La respuesta de las hermanas de mi comunidad, así como las de otras comunidades y algunos amigos, me alentaron a continuar explorando estas cuestiones en forma de libro. Asimismo, los apartados sobre el compromiso han sido debatidos a menudo con nuevos miembros de las comunidades religiosas y con los estudiantes y el profesorado del Athenaeum de Ohio/Mt. St. Mary Seminary de Cincinnati. Estas reflexiones incorporan parte de su experiencia de lo que significa optar por una vida comprometida en la Iglesia actual

Debo un gran agradecimiento a muchas personas por su ayuda en la preparación de este texto, especialmente a Elizabeth Bowyer, S.N.D. de N., por leer los diversos borradores del mismo y hacerme partícipe de su amistad y aliento. También deseo dar las gracias a Mary Ann Barnhorn, S.N.D. de N., nuestra provincial, por su apoyo e interés en su desarrollo; a las hermanas Marla Feldman y Marie Morris, por proporcionarme un espacio para trabajar durante nuestro capítulo general, a fin de que pudiera completar este texto; a Marilyn Kerber, Agnes Havlik y Susan Youst, integrantes de mi comunidad local, por sus numerosas charlas vespertinas invernales sobre su contenido; a Pat Brockman, O.S.U., por su compañerismo; a Roger Haight, S.J., por compartir su amor a la teología; y a mi tía, Ann Merkle, C.PP.S., por su buen ejemplo y apoyo durante años.

La amistad y el contacto internacionales han tenido mucho que ver en la conformación de este texto. Debo mucho a mis conversaciones con Margaret Madden, de las Hermanas de la Misericordia de Brisbane, Australia; Pía Buxton, I.V.B.M., de Londres, Gran Bretaña; las Hermanas del Loretto College de

Toronto, Canadá; John Veltri, S.J., de la Loyola House de Guelph, Ontario; las Hermanas del Buen Pastor y los jesuitas de la Loyola House of Studies, Ateneo de Manila, Filipinas; y las hermanas de la provincia japonesa de Nuestra Señora de Namur. Todas estas personas me han ayudado a ver la vida religiosa en un contexto global y a considerarla una preocupación internacional.

Deseo dar también las gracias a Patricia Knopp, S.N.D. de N., por su colaboración en la corrección del texto, y a los editores de The Liturgical Press, por su ayuda para publicar este libro y su interés por la configuración y la orientación de la vida religiosa.

Muchas otras personas han tenido que ver con las cuestiones y el compromiso que han conducido a este libro. La adecuación de mi respuesta a nuestras comunes preocupaciones sólo puede medirse en función de la conexión de estas reflexiones con las experiencias que han compartido y que inspiran el compromiso y la creatividad en sus vidas y sus comunidades. Espero que estas reflexiones contribuyan a un diálogo que nos ayude a comprender mejor cómo elegir comprometerse.

PRIMERA PARTE

LA OPCIÓN HOY

1
La decisión vital en la sociedad

El mito de la autonomía

Para llegar a buen puerto, la vida necesita continuidad. Según los criterios actuales, esta afirmación es falsa. La continuidad sugiere obligaciones y límites, y el éxito en la sociedad moderna va asociado a la superación de las limitaciones y a una creciente liberación de las obligaciones que obstaculizan la realización personal. Vivimos, pues, en una sociedad en la que la promesa de unas posibilidades ilimitadas alimenta el sueño norteamericano[1].

Desde la perspectiva opuesta, la falta de puntos de referencia de la vida moderna es aterradora. Ideas como el compromiso y la continuidad pueden asociarse con la falta de interés por una opción vital que requiere riesgo. La búsqueda de estabilidad puede encubrir un oculto deseo de huir de la vida adulta o de no asumir nunca sus responsabilidades[2]. El anhelo de estabilidad es, en este sentido, insano.

---

1. Para un análisis contemporáneo de los efectos del sueño americano sobre los modos de percepción de sus ciudadanos, véase Robert BELLAH, *Habits of the Heart: Individualism and Commitment in American Life,* University of California Press, Berkeley 1985 (trad. cast.: *Hábitos del corazón,* Alianza Editorial, Madrid 1989).
2. Erich FROMM, *Escape from Freedom,* Avon Books, New York 1969 (trad. cast.: *El miedo a la libertad,* Paidós, Barcelona 1980).

Cuando la huida es su motivación primaria, las personas se apartan de la complejidad de la vida moderna buscando un estilo de vida que las proteja de sus ambigüedades. Abandonan, por tanto, la búsqueda de sentido y, en cambio, pretenden únicamente forjarse su propia vida individual y cómoda en la que no necesitan abordar las grandes cuestiones de la sociedad humana y el sentido personal. Esta mentalidad estrecha puede ser asociada con el compromiso y la continuidad en la vida[3]; pero suele ser indicio de que un individuo ha desesperado de la vida de un modo notable. En su superficie, esta postura parece «normal», pero puede estar arraigada en un profundo pesimismo respecto de lo que la vida es capaz de ofrecer.

¿Cómo es, pues, posible hablar de compromiso sin rechazarlo automáticamente como un acto equivocado de destrucción personal? ¿Cómo podemos hablar de la vida en términos de límites sin experimentar pesimismo respecto de las posibilidades que la vida puede ofrecer? Ciertamente, la opción vital por la vida religiosa no es posible ni está bien fundamentada si refleja cualquiera de estas actitudes.

La fe en la vida y en el ser humano de la comunidad de fe y de su tradición proporcionan algunas claves para ayudar a resolver este dilema. Como comunidad tiene visiones muy distintas de las propias de la sociedad actual acerca de lo que es importante en la vida y de lo que significa ser una persona autodirigida. Cuestiona la típica autoidentidad proporcionada por la sociedad actual. Su propio punto de vista proporciona una visión más profunda de la vida humana; visión necesaria tanto para la comprensión de la vida religiosa como para mantener un compromiso adquirido mediante unos votos en la presente situación.

---

3. Robert MCAFEE BROWN aborda este tema como un aspecto de la «Gran Falacia» en *Spirituality and Liberation,* The Westminster Press, Philadelphia 1988. Este problema se pone en relación con los temas del movimiento feminista en Maria RILEY, *Transforming Feminism,* Sheed and Ward, Kansas City 1989.

Podemos valorar las presiones actuales sobre los individuos cuando toman una opción vocacional si examinamos cómo compiten de hecho por la adhesión de la persona moderna las dos visiones contrapuestas de la realización humana, la de la Iglesia y la de la sociedad. Aun cuando hoy se alienta más a los adultos cristianos a formar un sistema de creencias personal, para hacerlo deben luchar cuerpo a cuerpo con muchos conflictos y contradicciones en nuestra sociedad. A pesar de que es un hecho que los cristianos adultos son más independientes en su pensamiento que en épocas pasadas, la sociedad conserva una poderosa influencia sobre ellos en lo que respecta a saber quiénes son y a tomar opciones vocacionales.

Es evidente, además, que muchos valores y actitudes societales actuales no apoyan la opción por la vida religiosa. Esto hace que la vida religiosa sea incomprensible si se basa únicamente en valores societales. Sólo puede ser comprendida si la visión de la comunidad de fe se fusiona con las genuinas aspiraciones humanitarias que suelen atraer a los hombres y a las mujeres.

Una visión de fe puede ayudar a los individuos a atravesar la barrera de los mitos de nuestra sociedad, que ofrecen un falso sentido de los valores humanos. Puede poner en cuestión un sentido de la vida superficial, basado en los valores societales del dinero y el poder, el interés y el placer personales. Esta visión de fe más profunda proporciona también una comprensión asimismo más profunda de la relación entre Dios y los seres humanos; comprensión que es esencial para la vida religiosa y que sirve para sustentar su significado y su propósito mucho más que el trabajo que los religiosos realizan.

Únicamente esta visión de fe fundamenta, en última instancia, el radical modo de actuar que implica una decisión vocacional. Sin embargo, la visión que procede de la fe opera siempre en tensión con los valores societales y el modo de vida que propugnan. Las personas que eligen la vida religiosa, cuando continúan optando por su camino y profundizando en su modo de vida, entran en una contienda entre dos sistemas de valores distintos. Podemos percibir mejor algunas de las tensiones implicadas en esta contienda contrastando la visión de la comunidad de fe y la de la sociedad en lo que respecta a un aspecto clave de la vida moderna: el significado de la adultez o la definición de autonomía. Las diferencias entre los puntos de vista de la comunidad de fe y la sociedad tienen una significativa repercusión en las opciones que los religiosos encuentran hoy ante sí.

Dos visiones de la autonomía humana

Las personas desean autonomía porque es un elemento esencial de la felicidad. La autonomía hace referencia a la posibilidad y la tarea de determinarse, es decir, de decidir qué tipo de persona se va a ser, en armonía con los valores y las normas que uno se ha dado a sí mismo[4]. Todo el mundo quiere autonomía, pero hay muchas ideas contrapuestas acerca de lo que ello significa.

Tanto el Evangelio como la sociedad afirman la autonomía personal; sin embargo, lo hacen de manera distinta. La Escritura refleja la autonomía personal como una cualidad de la vida que procede de la relación. La sociedad, por su parte, encuentra las raíces de la autonomía en el éxito. Robert Bellah, en *Hábitos del corazón,* proporciona una de las mejores descripciones contemporáneas del punto de vista societal actual[5]. Afirma que la autonomía en la sociedad norteamericana está estrechamente ligada a la búsqueda de la realización individual como interés personal. La mayor autonomía se asocia a la movilidad ascendente obtenida

---

4.   Franz BOCKLE, *Fundamental Moral Theology,* Pueblo Publishing Company, New York 1977, p. 31.
5.   Robert BELLAH, *Habits of the Heart,* op. cit.

gracias al logro personal. Una ventaja de la movilidad ascendente en la mentalidad norteamericana es que conlleva un espacio vital personal en el que el hombre o la mujer necesita depender cada vez menos de los demás.

En sí misma, la búsqueda de la realización personal no está en conflicto con la visión evangélica. No obstante, la diferencia entre las visiones evangélica y societal radica en lo que cada una de ellas entiende por autonomía y realización personal. «He venido para que tengáis vida, y vida en abundancia», puede decir tanto una empresa publicitaria moderna como Jesús en el Evangelio. Sin embargo, el significado que dan a sus palabras es muy distinto. En este capítulo tengo la intención de explorar algunas de las principales nociones de la visión societal de la vida. En el capítulo siguiente compararemos la visión societal con la visión de la comunidad de fe, para mostrar que la vida religiosa está arraigada en esta última.

El individualismo norteamericano

Una tensión clave entre las actitudes evangélica y social la constituye el individualismo de la sociedad norteamericana. Hasta cierto punto, este individualismo puede encontrarse también en otras sociedades del Primer Mundo. En la visión del mundo de la sociedad norteamericana, el individuo es el paradigma a través del cual se ve toda la realidad. En otras palabras, el individuo es lo único percibido como real. La vida política y grupal, la naturaleza y sus recursos e incluso las relaciones interpersonales y la religión apenas se ven como realidades por su propio derecho. Su valor depende de su relación con la satisfacción de las necesidades del individuo[6].

---

6. Para una crítica de esta actitud, véase Anne E. CARR, *Transforming Grace: Christian Tradition and Women's*

Este individualismo, o la convicción de que el individuo es lo único real en la vida, afecta a la autopercepción y a la vida cotidiana del norteamericano típico. La forma de enfocar la comunicación proporciona un buen ejemplo de la influencia del individualismo en nuestro modo de pensar. Actualmente se insiste mucho en la comunicación en la sociedad, no sólo en compartir necesidades y deseos en una «comunicación sincera», sino también en contar «la propia historia» en grupos de autoayuda. Los hombres y las mujeres tratan de obtener curación de los demás a través de este estilo de comunicación sincera.

Pero las personas descubren que el mero hecho de contar la historia personal no es suficiente. El punto débil de ese estilo de comunicación radica en que sólo tiene sentido cuando se puede relacionar la propia historia con otra mayor y más inclusiva[7]. Una mentalidad individualista, sin embargo, valora ante todo la historia individual. La historia grupal tiene poco sentido. El resultado es que muchas personas ignoran que la interpretación de su historia personal encuentra su sentido dentro de una historia más abarcadora. El individualismo radical dificulta la incorporación de los sistemas de significado más amplios de un grupo o una tradición a una percepción de la autoidentidad, dado que el yo se ve como algo aparte del grupo.

La actitud individualista se refleja también en la tendencia a pensar que los objetivos últimos de la vida son sólo cuestión de elección personal[8]. Cuando tenemos tal actitud, medimos el éxito de nuestras vidas únicamente en función de si hemos alcanzado o no las

---

Experience, Harper & Row, San Francisco 1988, especialmente pp. 128ss., y Johannes METZ, *The Emergent Church,* Crossroad, New York 1986, pp. 82ss.

7. Véase el apartado sobre la narración en Johannes METZ, *Faith in History and Society,* Crossroad, New York 1980, pp. 205ss (trad. cast.: *La fe en la historia y la sociedad,* Cristiandad, Madrid 1979).

8. Robert BELLAH, *Habits of the Heart,* op. cit., p. 22.

prioridades que habíamos establecido. En un pensamiento individualista, nuestros valores o prioridades no pueden justificarse por ningún marco mayor de propósitos o creencias.

Cuando el individuo se convierte en el centro de la realidad de esta manera tan radical, la relación con las verdades relativas a la naturaleza, la realidad interpersonal, la tradición común y el significado de lo religioso no tienen una conexión integral con el vivir humano. Bellah lo expresa del siguiente modo: «Las tradiciones culturales norteamericanas definen la personalidad, el éxito y el propósito de la vida humana de modos que dejan al individuo suspendido en un aislamiento glorioso pero terrorífico»[9]. Sin embargo, si Bellah está en lo cierto, es esta imagen societal la que proporciona la visión más habitual de la vida, y no sólo para el público en general, sino también para quienes viven y postulan hoy la vida religiosa como una opción vocacional.

Las relaciones más allá del individuo

El clima individualista afecta al modo inconsciente de ver las relaciones humanas, los valores, la armonía con la naturaleza y la religión en el momento actual. Todos estos aspectos se ven como objetos de opción personal antes que como valiosos en sí mismos[10]. Esto significa que pensamos en el autodesarrollo como algo que ocurre al margen de esas relaciones, en lugar de a través de ellas. Para lograr un desarrollo humano integral no es necesaria la armonía con la naturaleza. La naturaleza es algo exterior al individuo, algo utilizable para la realización personal. No hay ningún sis-

---

9. *Ibid.*, p. 8.
10. Para una explicación de la experiencia humana del valor o la sensación de que algo es importante, véase Timothy O'CONNELL, *Principles for a Catholic Morality*, Harper & Row, San Francisco 1990, cap. 15.

tema de valores superior que refleje lo esencial para la
realización humana. Sólo hay preferencias idiosincrá-
sicas que se adaptan basándose en un cálculo coste-
beneficio[11].

No hay relaciones, como el parentesco, la amistad,
la comunidad y la vida política, en las que la persona
se encuentre en relación, a no ser que *elija* estarlo. Las
relaciones, en un marco individualista, no se ven en el
sentido tradicional. No pueden darse por supuestas.
No se consideran una referencia estable mediante la
cual se llega a un sentido de la identidad personal[12].

En la sociedad norteamericana, también la religión
se entiende en un clima individualista y se reduce a la
expresión de los sentimientos internos de un individuo
ante Dios. Bellah afirma que muchos norteamericanos
creen que el cristianismo institucional ha llegado a su
fin y va a ser reemplazado por una era del Espíritu en
la que cada individuo será guiado por la dirección
interna de la gracia sin necesidad de una autoridad
externa o una comunidad de fe[13]. Dado que las relaciones religiosas, como todas las relaciones, son cuestión de elección personal, no son estables sino opcio-
nales. La afiliación religiosa puede adoptarse o aban-
donarse en la medida en que satisfaga o no los objetivos y necesidades personales[14].

La vida social y el individuo

Dado que los norteamericanos ven al individuo como
la realidad primaria, en los Estados Unidos la sociedad
y la vida grupal son secundarias respecto del mismo.

---

11. Para un ejemplo de un esfuerzo para trascender este tipo de pen-
    samiento integrando el cálculo coste-beneficio en un espectro
    más amplio de creencias cristianas acerca de la vida, véase
    Richard SPARKS, *To Treat or Not To Treat?*, Paulist Press, New
    York 1988.
12. Robert BELLAH, *Habits of the Heart*, op. cit., cap. 5.
13. *Ibid.*, cap. 9.
14. *Ibid.*, pp. 117-121.

El individuo existe antes que la sociedad y al margen de ella. Los norteamericanos consideran que la sociedad llega a la existencia únicamente gracias al contrato voluntario entre los individuos, que tratan de maximizar su propio interés.

Esta visión de la sociedad afecta a nuestro modo de entender la libertad. Ser libre significa estar liberado de la influencia ajena[15]. La libertad es estar desligado. La realización personal es que los valores, las ideas o los estilos de vida de los demás no interfieran con los propios. Se debe ser libre del grupo en orden a poder alcanzar los objetivos personales. La mentalidad individualista nos dice que debemos ser libres de cualquier autoridad e interferencia grupal, ya sea en el trabajo o en la religión, la familia o la vida política.

La mentalidad individualista niega toda autodefinición a partir de la asociación grupal. Ser libre no es simplemente ser dejado solo por los demás, sino que es también ser la propia persona, en el sentido de definir quién se es, decidir por uno mismo lo que se quiere de la vida y ser lo más libre posible de las demandas de conformidad con la familia, los amigos, la Iglesia o la comunidad. Sin embargo, dado que el yo está disociado del grupo, una vez que se ha alcanzado esta «libertad de», en la sociedad norteamericana hay poco margen para hablar del propósito para el cual alcanzamos esta modalidad de vida.

¿Qué objetivos debería tener el individuo una vez que ha sido liberado? Aquí la cultura no se pronuncia, excepto para defender el derecho de todos los individuos a hacer lo que elijan siempre que no perjudiquen a nadie. Esta concentración en la libertad personal, llegando hasta la exclusión de la visión del objetivo de esta libertad, crea una atmósfera de malestar o de falta de sentido y propósito en las vidas de muchas personas[16]. Dado que el individuo está divorciado de cual-

---

15. *Ibid.*, p. 143.
16. Johannes METZ, *The Emergent Church*, op. cit., pp. 1-15 y 67-81.

quier visión de la vida que supere su autodefinición, hay una alienación de los recursos de la sabiduría colectiva, que podrían reflejar modelos de significado. Esta solución individualista deja un cierto vacío en el corazón norteamericano.

El logro del tipo de autonomía que la sociedad propugna no carece de costes. Para alcanzarlo se debe ser libre de lazos. Para muchos norteamericanos, la libertad significa la capacidad de decidir respecto de la propia vida mediante la opción personal sin condicionamientos ajenos. La movilidad ascendente proporciona una liberación de las limitaciones incluso mayor. Esta actitud hacia la libertad está representada por la imagen del «cowboy»: el solitario que demuestra su hombría mediante sus esfuerzos individuales contra las fuerzas hostiles del salvaje Oeste sin el apoyo de la comunidad y sin conexión con ella en lo que respecta a su desarrollo.

El efecto sobre las imágenes del trabajo y el estilo de vida

Bellah afirma que, en la mentalidad norteamericana, incluso el significado del trabajo o de la profesión se interpretan desde una perspectiva individualista. Para el individuo de clase media, la carrera es un rumbo en la vida profesional o en el empleo que ofrece promoción u honores[17]. La carrera profesional ya no está orientada hacia la comunidad, sino que viene definida por criterios de excelencia interpersonales establecidos por un sistema ocupacional nacional. El desarrollo de la carrera empuja al individuo hacia arriba en un estilo de vida medido por el éxito en la movilidad ascendente. La profesión ya no se concibe como una vocación. La vocación implica un hombre o una mujer desempeñando una función dentro de una comunidad.

---

17. Robert BELLAH, *Habits of the Heart,* op. cit., p. 119.

El concepto de «vocación» tradicional entiende la profesión de un modo más relacional. Ser un profesional implica más que satisfacer unos criterios internos de rendimiento. Exige la incorporación al orden cívico y civil de una comunidad.

La comunidad o la vida en común tienen poco espacio en la visión societal. Una razón de ello es que la terapia es el modelo de todas las relaciones en un marco individualista. En la sociedad norteamericana, el contacto uno-a-uno de la relación de «counseling» de la terapia es el paradigma de toda relación, ya sea íntima, laboral, cívica o de compromiso eclesial. Esta premisa oculta tiene serias consecuencias en el pensamiento norteamericano acerca de la vida grupal y sus compromisos.

Las relaciones se ven fundamentalmente como autoconstruidas y creadas para el beneficio mutuo de dos personas o de un grupo relacionado entre sí por un interés común. Si la relación se vuelve limitadora, o el interés que formaba el grupo decrece, puede terminarse con ella. El Yo Terapéutico se define en función de sus propias necesidades y de su satisfacción. Las necesidades se miden calculando sus costes y sus beneficios. Este modo de pensar deja un serio vacío cuando hay un conflicto entre las necesidades individuales y las comunitarias.

Enclaves de estilo de vida

Los norteamericanos también ven su vida comunitaria y grupal dentro de un marco individualista. La vida grupal no se concibe en términos de comunidad, sino de pseudo-comunidades o enclaves de estilo de vida. Un enclave de estilo de vida es distinto de una comunidad. Está formado por personas que comparten algunos aspectos de la vida privada, en lugar de compartir muchas dimensiones de la vida cotidiana. Los miembros de los enclaves de estilo de vida únicamente se centran en los elementos de la vida que han *decidido* compartir. En la sociedad norteamericana, los enclaves suelen formarse en torno al ocio y el consumo.

El grupo es un lugar en el que se prosigue un estilo de vida privado, no una vida compartida[18]. La vida grupal recurre a la terapia en cuanto a sus normas interpersonales, pero no apela a ningún sistema de significado o sentido del compromiso más profundos. Las virtudes de la vida compartida se limitan en gran medida a la comunicación empática, la veracidad y la negociación equitativa. Este modelo relacional tiene poco que decir acerca de la naturaleza y el propósito de la vida personal, comunitaria o pública, así como acerca del tipo de compromiso necesario para sustentarlas. Se basa en los valores del propio interés bien informado, la necesidad de colaborar en orden a ver satisfechas las necesidades y una mínima obligación de no causar daño.

El efecto de esta visión individualista de la vida grupal pone de manifiesto en el grupo la parálisis que crea. Comparado con las prácticas que los miembros de una familia, iglesia, ciudad o comunidad religiosa tradicionales comparten a lo largo de la vida, la relación terapéutica deja a sus miembros con relativamente poco que hacer juntos, excepto comunicarse. Los patrones de la práctica –tales como los modos rituales, estéticos y éticos de convivir–, que definen la comunidad como un modo de vida, no existen[19]. Los patrones del compromiso que define las expectativas de lealtad y obligación, que normalmente mantienen viva a la comunidad, se omiten, porque requieren que los miembros examinen las necesidades personales a la luz del grupo.

18. *Ibid.*, p. 73.
19. *Ibid.*, p. 154.

Comunidad y profesión
vs. carrera y enclave de estilo de vida

La vida religiosa existe hoy dentro de un clima individualista; sin embargo, su sistema de creencias no es individualista. Por ejemplo, la comunidad y la vocación son la base del ideal de la vida consagrada en común. Los valores que los religiosos propugnan son bastante distintos de los de la carrera y el enclave de estilo de vida. Podemos apreciar la diferencia entre estos modos de pensar si investigamos cómo enfocan ambos el significado del trabajo, la resolución de los conflictos y las posibilidades de una vida corporativa. Cada una de estas áreas pone de relieve un aspecto significativo de la tensión actual entre la vida societal y la vida religiosa.

La comunidad y el enclave de estilo de vida enfocan el trabajo de modo diferente. En una comunidad, la vida relacional está vinculada al trabajo o a la naturaleza pública de las vidas de los miembros. Una comunidad basa su vida en común en un sistema de significado más amplio. Su preocupación va más allá del ocio y el consumo.

La vida corporativa exige una actitud hacia la vida profesional más profunda que el criterio individualista de la mera carrera. El valor del trabajo se mide, más que por un sentido del logro personal, por su contribución a la comunidad. Cuando el trabajo y la vida relacional de los miembros de un grupo no tienen conexión, no puede haber una auténtica vida comunitaria. Sin una estructura de significado más amplia, el grupo es únicamente una pseudo-comunidad o un enclave de estilo de vida.

La comunidad y el enclave de estilo de vida tienen normas distintas para resolver las diferencias entre los miembros. En un enclave de estilo de vida, las diferencias se evitan o se ignoran. Dado que el grupo se relaciona sólo de un modo superficial, los miembros, sencillamente, se desentienden de cualquier esfuer-

zo constructivo en lo que respecta a superar los conflictos necesarios para establecer una verdadera relación. La vida se queda en el nivel de las relaciones
superficiales.

Esta evitación de las diferencias es parte de la supervivencia técnica del enclave. En un grupo de intereses personales potencialmente conflictivos, sin un
sistema de significado más amplio, nadie puede decir
realmente que un sistema de valores es mejor que otro.
La resolución de los conflictos es únicamente un problema técnico, no una decisión moral que haya que
tomar.

En un enclave de estilo de vida no hay modo de
establecer normas para una vida compartida, dado que
cualesquiera normas deben permanecer al margen de
cualquier base social o cultural que pudiera darles un
significado mayor. La prohibición de ciertos modos
de comportamiento se reduce a una cuestión de preferencias personales de los miembros del enclave.
No es sorprendente, pues, que las personas eviten las
diferencias y se relacionen únicamente de modo
superficial.

En un enclave de estilo de vida, las personas no
son interdependientes, no actúan juntas políticamente
y no comparten una historia. Su vida colectiva tiene
únicamente apariencia de comunidad[20]. Se trata de un
tipo de apoyo que sirve para diferenciarlos fuertemen-
te de quienes tienen otros estilos de vida y para prote-
gerlos de algún modo de quienes son distintos de ellos
y de la soledad que procede de nuestra radicalmente
individualizada sociedad.

En este capítulo hemos mostrado, espero que sin
demasiados detalles, cómo la actitud individualista
afecta al modo de pensar acerca de la vida de los norteamericanos. Éste es el contexto social en el que la
vida religiosa se encuentra hoy en Norteamérica y en
algunos otros países del Primer Mundo. Aunque los

---

20. *Ibid.*, pp. 71-75.

religiosos de otras partes del mundo pueden no sentir estas concretas tensiones culturales, los valores del individualismo suelen ser el silencioso compañero del crecimiento material, en el cual el individualismo se convierte en parte de la cultura de un mercado mundial que sigue influyendo en la Iglesia y en la sociedad, y no sólo material, sino también culturalmente.

Para los religiosos y los aspirantes a la vida religiosa, el individualismo matiza de modo inconsciente su modo de pensar acerca de sí mismos, de su vida y de su opción vocacional. Forma una lente a través de la cual los religiosos, como miembros de su sociedad, ven la vida. La comunidad de fe sostiene que el individualismo, como visión del mundo, es un mito. Se trata de una perspectiva de la vida inadecuada. Los religiosos y sus comunidades necesitan hoy discernir cómo el individualismo no deja margen a algunas de las realidades más profundas que constituyen los cimientos de su vida. Ésta es la tarea que abordaremos en el capítulo siguiente.

2
Romper con el mito

La vida consagrada implica una autodefinición y una percepción del sentido de la vida completamente distintas de las habituales en la sociedad. Si la visión societal de la autonomía está en lo cierto, la vida religiosa no tiene sentido, pues exige dejar a un lado la búsqueda primaria de la riqueza, el poder y el interés personal absoluto que caracteriza a la movilidad ascendente de la autonomía societal. En lugar de hacernos ascender, la vida consagrada nos obliga a movernos hacia los demás en la relación y el servicio. Nos invita a entrar en una comunidad para encontrar una identidad personal enriquecida y más profunda gracias a la identidad compartida del grupo.

En la vida religiosa, la profesión no es una mera carrera, sino una vocación. Aun cuando un religioso puede ser sumamente profesional y competente, el éxito se valora en función de más aspectos que los meros criterios del sistema profesional. El significado del éxito profesional se mide por su contribución a la misión de la Iglesia y su servicio a la vida de las personas.

La vida consagrada es comunitaria. La comunidad es más que una colección de individuos que viven unas vidas privadas y únicamente comparten actividades lúdicas e intereses seleccionados[1]. La comunidad,

1. Thomas CLARKE, SJ, «Jesuit Commitment – Fraternal Covenant?»: *Studies in the Spirituality of the Jesuits* 3/III (junio 1971) 70-101.

por el contrario, es una vida grupal en la que se aprende a salir de uno mismo e ir hacia los demás en el amor. Mediante los votos, los religiosos comprometen radicalmente sus vidas, ligándolas no sólo a Dios y a los miembros de la Iglesia, sino también al bienestar de las demás personas concretas de la comunidad. Se trata de un lazo que es «otra clase de amor», sellado no por el vínculo genital del matrimonio, sino por un vínculo de afecto destinado a durar toda la vida.

Una postura contracultural

La vida religiosa implica la adopción de una postura contracultural tanto respecto del estilo de vida personal como de la idea de éxito. Cuando los religiosos adoptan un compromiso permanente, desafían la actitud societal que afirma la provisionalidad de las decisiones humanas. La vida religiosa, por el contrario, es una respuesta a la relación primaria con Dios. Es esa relación, que la comunidad de fe llama «gracia», la que da a la vida religiosa su permanencia.

La vida consagrada se basa en la convicción de que el sentido de la vida implica, en principio y ante todo, una respuesta a Dios en el amor. No se trata de una respuesta a una obligación externa, como la ley, sino de una respuesta a Dios en lo más profundo del propio yo. Entender la vida de este modo refleja la visión que la comunidad de fe tiene de la libertad y la autonomía humanas, no la interpretación de la sociedad. Los votos afirman que estamos bien cuando somos personas vinculadas o dependientes, no solitarios. Nuestra dependencia de Dios y de los demás no es algo temible. El reconocimiento de esa dependencia puede efectuar una liberación mucho más profunda de la que el individualismo puede proporcionar[2].

---

2. Para una explicación del papel de la dependencia sana en la conversión cristiana, véase Patrick McCormick, *Sin as*

Para la comunidad de fe, la realización o el significado personal brota de encontrar el sentido de la verdad interior. La verdad interior de una persona es simplemente el sentido de ser la persona que se fue creada para ser. Los religiosos creemos que un camino hacia esta verdad es la reflexión sobre la vida de Jesucristo[3]. Los religiosos van más allá de la reflexión sobre Jesús, puesto que penetran en el misterio de su vida.

Alguien podría decir que todos los cristianos creen esto mismo, de modo que ¿por qué hacer los votos religiosos? Es verdad que todos los cristianos llegan al conocimiento de la verdad de la vida a través del conocimiento de Jesucristo y del Evangelio; sin embargo, también lo hacen mediante una estructura vocacional específica y un conjunto de circunstancias. Pues bien, los votos forman el perímetro de la estructura vital de los religiosos y proporcionan el modo mediante el cual los religiosos integran todas las dimensiones de la vida en una determinada dirección a través de una única decisión vital.

Los votos son una postura permanente, porque son los medios gracias a los cuales un hombre o una mujer expresa un significado personal que lleva años descubrir. Puede que este sentido del significado no siempre sea consciente. Sin embargo, la comunidad de fe sostiene que, en un nivel profundo, la vida de todas las personas posee una verdad decisiva. Y esa verdad encuentra su expresión más apropiada en una opción destinada a durar toda la vida.

Addiction, Paulist Press, New York 1989. Para una crítica de la dependencia insana, véase Anne WILSON SCHAEF, *Co-Dependence: Misunderstood-Mistreated,* Winston, Minneapolis 1986.

3. Para una útil explicación del pensamiento actual sobre la persona de Jesús, véase Elizabeth A. JOHNSON, *Consider Jesus,* Crossroad, New York 1990.

Para comprender cómo puede tomarse esa opción, exploraremos más detalladamente lo que la comunidad de fe cree a propósito de la libertad y la autonomía humanas.

Otra visión

La posibilidad de que una persona normal pueda tomar una buena decisión vocacional se basa en una visión del mundo y de la persona distinta de la que tiene la sociedad. La comunidad de fe cree que ser una persona supone más que alcanzar un éxito aparente en la sociedad. La movilidad ascendente no basta para satisfacer la profunda necesidad humana de trascender el yo y amar. La llamada al amor y a la trascendencia implica más que la autosuficiencia para iniciar unos planes y tender a unos objetivos personales, pues exige una respuesta a la identidad más profunda de la persona.

Al haber sido creada por Dios, cada persona tiene en el núcleo de su vida la realidad de la presencia del propio Dios. Y es la presencia de Dios, ligada esencialmente al verdadero yo de cada cual, la que constituye el origen de la llamada a la trascendencia[4]. Podemos crear nuestras vidas, porque primero hemos sido creados por Dios, y la presencia de Dios reside en nosotros. La auténtica creatividad vital procede de la llamada de Dios desde nuestro interior para que respondamos al misterio que suponen nuestras vidas.

Se necesita fe para reconocer que la verdad más profunda del hecho de ser persona es la presencia de un yo verdadero, un yo que es más profundo que los logros personales. Sólo reconociendo esta verdad y la

---

4. Juan Luis SEGUNDO, *Grace and the Human Condition,* Orbis Books, New York 1973. Karl RAHNER, desarrolla este tema en *Foundations of Christian Faith,* Seabury, New York 1978, especialmente los caps. 1-4.

necesidad de fe, las personas pueden empezar a entender el sentido de sus vidas. La presencia de Dios en nuestro ser más íntimo nos proporciona una vocación personal. El deseo de vivir en relación con Dios de acuerdo con la verdad de nuestra personalidad es el punto de arranque de la conciencia de la vocación.

Cuando reconocemos que poseemos un verdadero yo interior, empezamos a tener una libertad real. Los teólogos utilizan el término «libertad» para describir la singular experiencia de ser humano. La libertad es la relación positiva con la propia persona que convierte el hecho de ser uno mismo en un objetivo posible de la vida humana. Una vez que reconocemos que nuestra identidad es más profunda y más verdadera que lo que sugiere la superficial definición de la sociedad, en nuestra vida se desarrolla algo más que un sentido de la independencia. Surge un dominio propio que nos permite reconocer que nuestra exclusiva personalidad y nuestra verdad personal son realmente un sendero legítimo hacia ser plenamente humanos[5].

Para un miembro de la comunidad de fe, estar en contacto con Dios en el centro de la propia vida es el núcleo de la plenitud personal. Cualquier sentido de la autonomía y la vocación se basa en esta conciencia del Dios-interior. Aunque todo el mundo puede experimentar este centro personal como misterio, para los cristianos este misterio tiene nombre: el Dios de Jesucristo. El sentido de que el significado y el crecimiento reales dependen de nuestra respuesta a esta expe-

---

5. Juan Luis SEGUNDO, *Grace and the Human Condition,* p. 30. La experiencia de la influencia de las superficiales definiciones del yo de la sociedad puede adquirirse de muchas formas: una idea del éxito, la presión de los colegas, las expectativas familiares u objetivos personales internalizados que no concuerdan con los propios dones o capacidades. Para un comentario respecto de la lucha por la identidad en la vida norteamericana, véase Madonna KOLBENSCHLAG, *Lost in the Land of Oz,* Harper & Row, San Francisco 1988. Para otro enfoque, véase Jean-Marc LAPORTE, *Patience and Power: Grace for the First World,* Paulist Press, New York 1988, pp. 1-30.

riencia de Dios es inherente al reconocimiento del hecho de ser llamados a ir más allá de nosotros mismos.

La visión alternativa de la vida humana de la comunidad de fe dice que nuestras vidas son más de lo que aparentan. Son un misterio, porque compartimos el misterio de Dios. Y se trata de un misterio relacional. Dios está y elige estar esencialmente relacionado con nosotros. Éste es el significado de la gracia. La gracia es la inmerecida realidad de la libre decisión de Dios de relacionarse con nosotros y el efecto resultante que ello tiene en el sentido de nuestras vidas.

La libertad como respuesta

En contraste con la visión de la libertad como liberación de la influencia ajena en orden a perseguir el interés personal, la comunidad de fe ve la libertad o la autonomía como el dominio propio necesario para responder al pleno significado de la vida.

A esta luz, la autonomía es la capacidad de autodeterminarse o el poder de desarrollar la propia vida. Como la sociedad, la comunidad de fe cree que la autonomía aumenta cuando se opta, pero valora un tipo de opción diferente. La autonomía aumenta eligiendo entre abrirse a los demás y amar o cerrarse en torno al yo y la preocupación por uno mismo. La autonomía auténtica no es la movilidad ascendente que implica una necesidad cada vez menor de vivir en interdependencia con los demás, sino que consiste, en última instancia, en la capacidad de dirigir la propia vida frente a la llamada interior al amor o en negarse a hacerlo. En su nivel más básico, la autonomía no puede equivaler a cualquier logro o acto o *status* alcanzado en la vida, sino que estas opciones sólo adquieren sentido si son un reflejo de una actitud más profunda de nuestra persona.

La vida religiosa se basa en esta visión de la autonomía. En las novelas y las películas, los religiosos

buscan un mundo «espiritual» que se encuentra oculto en un convento, externo a la persona. Los religiosos reales responden a la plena conciencia de que ese
mundo espiritual se encuentra dentro de ellos en el nivel más profundo de su vida personal. El compromiso
religioso implica el reconocimiento de la presencia de
Dios en el centro de la vida y expresa el deseo de responder a esa presencia de un modo radical.

En este sentido, optar por vivir de acuerdo con los
votos religiosos implica una opción previa del yo.
Implica una opción por la clase de «yo» que la persona va a ser. ¿Voy a salir hacia los demás en el amor o
a centrarme en la preocupación por mí mismo? Esta
opción del yo es anterior a la opción por cualquier
curso de acción en la vida. Es la opción por construirse a uno mismo en libertad dentro de las posibilidades
reales de este momento o por rechazar este proceso y
centrarse en uno mismo.

Por consiguiente, cuando los religiosos se comprometen en una vida consagrada, hacen una declaración
previa acerca de sí mismos y de la orientación de sus
vidas. La libertad interior lo hace posible[6]. Optan por
amar o por no hacerlo *antes* de optar por una forma
especial de amar. Para captar el significado de una opción vocacional es importante comprender este sentido de la libertad, porque apunta a la opción más fundamental que los votos simbolizan. La opción fundamental de utilizar la libertad para amar constituye, para la comunidad de fe, la verdadera autonomía.

Otro modo de entender la libertad interna o la autonomía consiste en compararla con los talentos o suma de dinero mencionada en la parábola evangélica.
La opción crítica en ese pasaje no era cómo invertir el
talento, sino la decisión de invertir. La crisis presenta-
da en la parábola era una crisis de riesgo.

6.   Otro nombre de esta libertad interna es libertad básica o liber-
     tad trascendental. Véase Karl RAHNER (ed.), «Freedom», en
     Encyclopedia of Theology: The Concise Sacramentum Mundi,
     Seabury, New York 1975, pp. 533ss.

¿Qué hacer: invertir la suma de dinero recibida como regalo o enterrarla por miedo? La opción de la libertad interior presenta una crisis similar a la que rodeaba a los talentos. Mediante la libertad decidimos si la dirección de nuestras vidas será de inversión en las preocupaciones de los demás y de Dios, o si podemos optar por una vida sin inversión. Podemos permanecer en los márgenes de la vida, esperando hasta estar seguros de que no nos herirán si nos implicamos; podemos decidir enterrar nuestro talento de libertad en la preocupación por nosotros mismos y el egoísmo.

El significado de la libertad interior sugiere que la libertad que se encuentra en el núcleo de una opción vital es más que una acción, como la decisión inicial de hacer unos votos es más que la suma de todas las decisiones subsiguientes de la vida de un religioso/a, pues subyace a ellas, las impregna y va más allá, sin ser de hecho una de las mismas.

La libertad interior se expresa, sin embargo, de todos esos modos. Ante todo, puede ser experimentada en un compromiso fundamental por medio del cual las personas declaran ante Dios, ante sí mismas y ante la comunidad que la dirección de sus vidas será vivida fielmente de acuerdo con los votos en una comunidad determinada. A esta promesa es a la que los religiosos pueden volver con frecuencia a lo largo de sus vidas para obtener un sentido renovado de orientación y propósito.

Un compromiso para toda la vida

La convicción de la comunidad de fe de que una opción para toda la vida es posible y puede perdurar se fundamenta en su idea de la libertad. Dicha comunidad ve la vida como un proceso mediante el cual una persona interpreta el significado de su llamada a la libertad y lo expresa a través de decisiones concretas. Cada persona es llamada a decidir el «curso» que debe tomar su libertad; «curso» que da unidad a la vida y orientación a las muchas opciones individuales que se plantean a lo largo de los años.

Frente a todas las cosas que se oponen a ese curso –la incongruencia personal, o las presiones y vicisitudes de la propia vida–, la persona pretende afirmar su verdad personal. La comunidad sostiene que, ante los obstáculos, la persona debe resistir o imponerse o, de lo contrario, perder esa verdad acerca del yo que ha llegado a conocer.

En este sentido, un compromiso no es una presión impuesta externamente, sino que la fidelidad al compromiso es clave para ser persona. La comunidad de fe puede afirmar esta posibilidad, porque cree que el potencial para hacerlo se encuentra en el interior de cada persona[7]. Sin embargo, el potencial para el compromiso necesita el apoyo de la comunidad. La comunidad de fe ve que su papel consiste en apoyar a las personas en su compromiso y continuar compartiendo la visión de la fe y las relaciones que ayudan a mantenerlo.

El potencial para adquirir un compromiso se concede con el don de la libertad, pero la capacidad de adoptarlo aumenta a lo largo de los años. Incluso la conciencia personal que lleva a adoptar un compromiso se intensifica con el tiempo, antes de ser suficiente para basar en ella una opción vital[8]. La opción vital implica la capacidad personal de elegir, de preferir una cosa a otra. Esto exige no sólo la libre exclusión de algunas posibilidades y la preferencia por otras, sino también la estabilidad personal para arriesgarse a hacer un juicio o una estimación. Tal proceso precisa madurez e implica opciones que nunca pueden ser confirmadas por completo[9].

---

7. Klaus DEMMER, «The Irrevocable Decision: Thoughts on the Theology Vocation»: *Communio* Vol. I (1974) 297.
8. *Ibid.*, p. 295.
9. Margaret FARLEY aborda este tema del compromiso en *Personal Commitments: Beginning, Keeping, Changing,* Harper & Row, San Francisco 1986.

Pese a todas estas realidades, la comunidad de fe sigue sosteniendo que es posible adoptar un compromiso de por vida. Se trata de una postura contracultural en una sociedad que ve los objetivos y las relaciones como temporales y efímeros. En contraste, la comunidad afirma que los hombres y las mujeres, como centros de significado, tienen una cierta libertad «respecto de» sí mismos y un dominio sobre el mundo. Somos capaces de tener el dominio propio requerido para optar libremente. Este tipo de libertad no es algo automático, sino que implica lucha y sacrificio.

Sin embargo, esta libertad es también una «libertad para». Mediante ella tenemos la posibilidad de configurar nuestras vidas a pesar de las numerosas limitaciones que supone ser humano. Esta libertad se revela como la posibilidad de adquirir, poco a poco y con repetidos altibajos, un control sobre un proceso vital cuyos problemas y limitaciones siguen presentes.

La comunidad de fe cree que el compromiso es posible y no sólo para personas sobrehumanas o en situaciones perfectas. La libertad no es una vía de escape de las limitaciones y los problemas de la vida y las relaciones reales. No es una capacidad ideal que opera independientemente de las presiones del mundo real. Nadie se libera una vez que encuentra una situación en la vida o en la sociedad en la que no hay constricciones o limitaciones, sino que la comunidad de fe sabe que la realidad de muchos aspectos de la vida humana actual limita siempre de algún modo la libertad humana. El hecho de que seamos libres no remueve esos obstáculos totalmente, sino que los obstáculos y las limitaciones personales nos retan siempre y forman la materia a partir de la cual las decisiones cobran vida.

Esta lucha con las limitaciones encontradas en la vida prueba en general su autenticidad en el curso de cualquier compromiso adquirido mediante unos votos. En la vida religiosa, sólo la incertidumbre de la vida real profundiza y perfila, realmente y en última instancia, el compromiso. Nadie puede conocer todas las contingencias de la vida desde el principio. Hacer votos es sencillamente emprender un camino que incluye parcialmente lo desconocido. En el próximo capítulo exploraremos algunas otras dimensiones de ese camino.

3
Un signo vocacional: la capacidad de ser contracultural

Adquirir y mantener el compromiso que conllevan los votos presupone que en la vida de la persona ya es operativo un nivel básico de libertad. Pese a que todas las personas son libres o tienen en su interior razones suficientes para existir, no todas utilizan las capacidades que les otorga su libertad. Incluso después de empezar a desarrollar nuestra libertad con más seriedad, siempre somos libres en un grado mayor o menor.

Así lo comprendió Jesús. Y lo vemos en su interpretación de su misión: «He venido para que tengáis vida, y vida en abundancia». La libertad es parte de esa plenitud de vida a la que él nos llama. Jesús comprendió también que tenemos que elegir ser libres, porque la libertad no es automática. Los evangelios afirman que la plenitud de la libertad es algo que nadie obtiene de golpe, sino lentamente a través de un proceso de apertura y esfuerzo. La lucha se refleja en la búsqueda de la perla de gran valor, que exige que vendamos todo para adquirirla.

La libertad y sus consecuencias

Únicamente las personas reales en situaciones reales tienen libertad. La mayor parte de la gente no piensa sobre la libertad en abstracto, sino que reflexionan sobre las consecuencias de la libertad de opción en sus

vidas. Cuando la libertad actúa, siempre hay consecuencias. En ocasiones, las consecuencias positivas
son invisibles a simple vista; sin embargo, a largo
plazo, incluso esas pequeñas victorias internas de la
libertad comienzan a ser evidentes. Un cambio en la
expresión facial, una nueva actitud en una comunidad,
un cambio en la política legal... La Escritura denomina a estos tipos de consecuencias positivas «frutos»
del amor.

El uso negativo de la libertad también tiene consecuencias: el pecado. El pecado también puede ser invi-
sible a simple vista; pero, a largo plazo, tampoco permanece oculto. Incluso el pecado cometido en nuestros corazones, a la larga se expresará en la acción. La
Escritura nos dice que los engaños, los celos y el egoísmo nunca permanecen sólo en nuestros corazones,
sino que, finalmente, dañan nuestras vidas.

El pecado nunca puede ser separado de sus consecuencias concretas; dado que, como el amor, es un acto de libertad. En ocasiones, el pecado se amalgama de
tal modo con nuestras vidas que sus consecuencias
sólo se presentan ocultas. Los actos de amor que resis-
ten su poder ponen siempre de manifiesto su presencia. Esto explica por qué el uso positivo de la libertad
suele conllevar «la cruz». Se trata del dolor que experimentamos cuando tratamos de amar como Jesús en
el mundo real, contra nuestras propias tendencias a
permitir que su negatividad y la nuestra nos superen.

El pecado se incrusta también en nuestro mundo.
Aunque todas las personas gozan de libertad, la experiencia de la vida de algunas resulta contaminada por
el sufrimiento causado por la libertad de otras. Nuestra
cultura contiene en su interior tanto las consecuencias
positivas como las negativas de nuestra libertad. Y las
consecuencias negativas se introducen en la vida de
nuestras instituciones y en nuestro modo de pensar.
Cuando pretendemos amar de un modo no ratificado
de manera general por nuestra cultura o por las instituciones en las que vivimos y trabajamos, sentimos un

peso que nos arrastra en la dirección opuesta. Por esta razón, actuar por libertad de manera positiva suele implicar la capacidad de ser contracultural.

Adoptar una postura contracultural

Dado que la libertad tiene consecuencias, también podemos decir algo acerca de lo que sus consecuencias positivas en el amor producen a largo plazo. La comunidad de fe cree que el uso positivo de la libertad crea un mundo más humano o más acorde con la dignidad de los seres humanos. La libertad, a la larga, es básicamente transformadora. El uso positivo de la libertad exige la capacidad de salir de los marcos sociales –cómodos, pero menos de lo que podrían serlo– y dedicarse a la creación de alternativas.

Esto tiene importantes consecuencias para quienes están considerando entrar en la vida religiosa o contraer un compromiso perpetuo. Dado que la vocación religiosa se vive siempre en medio de los conflictos de la vida real, la disposición a responder a una opción vocacional y a vivirla exige la capacidad de ser contracultural. En formas anteriores de la vida religiosa, la capacidad de ser contracultural se manifestaba en el «abandono» físico «del mundo». Retirándose al marco monástico, el religioso/a testimoniaba una vida radicalmente cristiana. Sin embargo, hoy la llamada a ser contracultural se vive en interacción directa con la cultura. Debido a ello, el religioso/a necesita ser más consciente de la relación entre las capacidades internas de libertad y la opción por la vida religiosa y el tipo de postura contracultural exigida por su vocación.

Para lograr una mayor comprensión del nivel de libertad necesario para optar por la vida religiosa podemos analizar las capacidades que se consideran normalmente signos de que una persona está utilizando su libertad de modo saludable e integral. Al hacerlo, podemos observar también la dirección de crecimiento que puede indicar que una persona adopta una postura contracultural. Ambas líneas de pensamiento mostrarán que vivir un compromiso adquirido mediante votos es desarrollar la vida siguiendo una línea distinta de la marcada por la sociedad.

Libertad y compromiso

La libertad implica la capacidad de ver la vida como un centro de significado. Poseemos el poder de comprender el mundo y a las demás personas como algo separado y distinto de nosotros. La libertad implica la capacidad de distanciarnos del mundo y experimentarnos como sujetos o personas únicas ante Dios[1]. Esta capacidad es esencial para asumir la responsabilidad respecto de nuestras vidas y el mundo que nos circunda. En orden a conocer una realidad como independiente de nosotros, es necesario saber dónde termina nuestra persona y dónde comienza la realidad.

La comunidad de fe cree que tal autoconciencia es necesaria para el compromiso vocacional. Las personas que se fusionan totalmente con su trabajo, con otra persona, con el grupo o con las expectativas societales respecto del poder, la riqueza y el *status* carecen de esta capacidad. En orden a contraer y mantener un compromiso como religioso/a, es necesario tener la capacidad de resistir solo.

La libertad implica también la capacidad de autorreflexión, es decir, la capacidad –de manera limitada– de distanciarse de uno mismo lo suficiente como para que la auto-reflexión pueda tener lugar. La comunidad de fe cree que poseemos el potencial de reflexionar

---

1. La noción de sujeto en relación con el mundo la explora Johannes METZ, *Faith in History and Society,* pp. 60ss (trad. cast.: *La fe en la historia y la sociedad,* Cristiandad, Madrid 1979). Para una exposición menos técnica, véase Richard GULA, *Reason Informed by Faith: Foundations of Catholic Morality,* Paulist Press, New York 1989, pp. 68ss.

sobre nuestras relaciones y nuestros actos. A través de ese proceso tiene lugar el crecimiento en autoconciencia que, en última instancia, nos ayuda a to-mar decisiones acerca de nuestras vidas y del mundo circundante.

El hábito de la auto-reflexión es necesario para contraer el compromiso con la vida consagrada y mantenerlo. Los religiosos necesitan la capacidad de poner a un lado el trabajo o la programación social que dejen poco tiempo para la reflexión. Aunque en su superficie una vida sin tiempo para la oración o el pensamiento serio puede parecer que refleja que se es «necesario» o se está «implicado» o se es «popular», también puede connotar renuencia a afrontar las cuestiones profundas de la vida en general y de la propia vida en particular. Apartarse de las grandes cuestiones de la vida o negarse a nombrar la soledad y la ansiedad que alimentan la hiperactividad son formas de «miedo a la libertad»[2]. Se trata de unos mecanismos mediante los cuales renunciamos a algún aspecto de nuestra libertad y, por tanto, ponemos trabas a sus otras capacidades.

Sin embargo, el hábito de la auto-reflexión, por sí solo, es inadecuado para llevar a cabo el cambio en nuestras vidas o en el mundo. Hay muchas personas implicadas en todo tipo de proyectos de autoconciencia; no obstante, sus vidas no parecen tomar ninguna dirección o tener ningún propósito. Aun cuando el autoconocimiento es esencial para poder atribuir sentido a la experiencia vital, no es suficiente.

Además de la capacidad de distanciamiento, de atribuir sentido y de reflexionar, tenemos que actuar y dar a nuestras vidas algún tipo de configuración y dirección concretas. Para ello excluimos algunas opciones, en orden a preferir otras y arrostrar las consecuencias. Ello exige una disciplina personal que se pone de manifiesto no en la autonegación sin sentido,

---

2.   Erich FROM, *Escape from Freedom,* op. cit.

sino en la capacidad de «renunciar» en orden a «ser para»[3].

La capacidad de afrontar la exclusión y la preferencia no es una mera habilidad necesaria para *en-trar* en la vida religiosa, sino que hay que apelar a ella a lo largo de los años de compromiso. Es un modo de que los religiosos concedan una atención real a su vocación a lo largo de la vida[4]. Evaluamos y calibramos las alternativas que se presentan ante nuestras vidas desde la perspectiva de la preferencia por cuanto reafirma nuestra orientación vital. De ese modo, los religiosos viven su vocación en la fe. Algunas opciones se ven, por consiguiente, excluidas, no por ser malas, sino porque no encajan.

Después de muchas de estas experiencias, podemos llegar a una comprensión más profunda de la libertad que se encuentra en el núcleo de nuestro compromiso. Aprendemos que podemos ser felices aunque todas las alternativas no puedan ser elegidas. Esto es lo que puede ocurrir si los religiosos toman libremente opciones en torno a un proyecto vital. Las alternativas que elijan deliberadamente serán expresiones de sus más profundos deseos.

El sentido de la vida tiene un origen más profundo que la capacidad de fijarse objetivos y alcanzarlos. Debemos ser capaces de obtener sentido de cuantos nos han precedido, de la comunidad en su conjunto y de la verdad de la realidad. El ladrón puede tener el poder de exclusión y de preferencia y utilizarlo para hacerse un experto en el robo. Sin embargo, la mayoría de la gente juzgaría que los ladrones no obtienen la satisfacción vital digna de una búsqueda humana.

Para el cristiano, este sentido «recibido» se encuentra en la vida de Jesucristo. Hacer votos es afir-

---

3. M. Scott Peck amplía este tema en *The Road Less Traveled*, Simon and Schuster, New York 1978.
4. Margaret Farley, *Personal Commitments*, op. cit., especialmente el cap. 4.

mar que Jesucristo es la Palabra que revela el contenido de lo que significa ser una persona plenamente humana. Adquirir un compromiso mediante unos votos y
crecer en él requiere la capacidad de escuchar al mundo, no meramente de hablar de él. Esta capacidad se
pone de manifiesto en el hecho de ser una persona en
diálogo con la verdad de la vida cotidiana, la palabra
y la comunidad.

Este aspecto es esencial para comprender la capacidad de adquirir un compromiso mediante unos votos. El compromiso con los votos es secundario, no es
más que la elección de un camino. La opción por ser
religioso/a debe reflejar una opción humana previa por
«ser» ante todo. Esta opción por «ser» es en su esencia una opción por trascender el yo, por superar la postura egoísta y abrirse a Dios, a la realidad y a los demás en el amor. Esencialmente, optamos por estar
abiertos a la revelación continua de Dios en todas esas
dimensiones. Los votos reafirman esta opción y le proporcionan un contexto social y un sentido de su dirección y contenido[5].

La vivencia continuada de los votos debe reflejar
también esta opción por «ser» en todas sus concreciones. Únicamente en cuanto camino, la vida religiosa
en sí no puede proporcionar validez a la vida humana,
sino que los votos deben reflejar nuestra capacidad de
amar en la apertura a los demás y a la realidad. Sólo
este ejercicio de la libertad en el amor puede ser un
medio de auto-realización.

La sociedad sostiene que, para hacernos autónomos, debemos alcanzar la individualidad, distanciarnos de los demás y dejar el hogar. Pero la comunidad
de fe ve de manera distinta la capacidad de ser un individuo, pues considera que es la capacidad de compro

---

5.   Una buena explicación de la vocación y el compromiso adultos
en un contexto social se encuentra en James P. HANNIGAN,
Homosexuality: The Test Case for Christian Sexual Ethics,
Paulist Press, New York 1988, cap. 4: «Sexuality and Vocation».

miso. En opinión de la sociedad, la autonomía significa una expansión aún mayor de las opciones y la libertad de influir en los demás. Esto implica una definición de individualidad que prácticamente excluye el compromiso permanente. En la comunidad de fe, la autonomía incluye una aceptación de la individualidad basada no sólo en el logro externo, sino también en la conciencia interna. La individualidad en este sentido prefigura el compromiso.

Individualidad y compromiso

¿Cómo es posible? Ser un individuo es experimentarse como una persona determinada –con una historia concreta, con unos ciertos dones y fallos–, no como otra. La singularidad o individualidad conlleva una limitación fundamental: no se puede ser otro; sólo se puede ser uno mismo. La paradoja consiste en que la experiencia de esa limitación conlleva una promesa. Aceptar la singularidad de la propia y única vida y decidir amar a pesar de las propias limitaciones proporciona plenitud[6].

De un modo fundamental, la aceptación de la individualidad es la aceptación de una forma de muerte. Aceptar la muerte para llegar a la resurrección constituye una experiencia del misterio pascual. Es una opción que exige esperanza. Optar por ser uno mismo ante Dios es esperar que ello baste para alcanzar la felicidad.

La vida consagrada es un tipo de opción similar, pues es también una opción tomada en la esperanza. La profesión de los votos es la opción por un «camino» y la aceptación de unos límites. Se trata de una declaración de amor que sostiene que en el proceso de limitación de las opciones se logrará la realización de

---

6.   Klaus DEMMER, «The Irrevocable Decision: Thoughts on the Theology of Vocation», *op. cit.,* p. 297.

los más profundos deseos. Un signo de buena disposición para una vida consagrada es la capacidad de singularidad, porque implica una disposición a aceptar la limitación. Ver la vida de ese modo es verdaderamente contracultural, pues afirma un tipo de nacimiento de la muerte que la sociedad no sabe encarar[7].

Cuando el religioso/a persiste en su compromiso, ese sentido de la singularidad no desaparece, sino que se intensifica. Mediante las decisiones que requieren la preferencia por unas cosas y la exclusión de otras, el religioso/a afronta las necesarias restricciones: una forma de muerte. La persona lo hace, sin embargo, como una opción libre. La experiencia continua de elegir un camino en vez de otro hace que la persona profundice en su opción. La necesidad de esperanza persiste, y la experiencia de que la muerte es para la resurrección se hace verdadera en modos siempre nuevos.

En nuestras vidas como religiosos puede haber muchas crisis cuando el sentido de la restricción parece más evidente que el positivo y necesario papel de los límites. La capacidad de aceptar los más profundos deseos puede proporcionar un sentido de dirección a través de las crisis. Quien ha aceptado su singularidad en un nivel profundo ya ha experimentado que ser *alguien* exige no convertirse en *nadie*.

Cuando esa capacidad no está presente, resulta difícil separar lo que es central de lo que es accesorio para una experiencia vocacional y reconectar con el yo afirmado cuyo curso se estableció al hacer los votos. (El religioso/a puede perderse fácilmente en función del grado en que lo que deba ser «puesto en su sitio» sea exterior o interior al yo)[8].

La fidelidad perpetua es también difícil si sólo confiamos en nuestra fuerza personal. La vocación es un diálogo, lo cual significa que nos es dada cons-

---

7. M. Scott Peck, *The Road Less Traveled,* op. cit., p. 72.
8. Margaret Farley, *Personal Commitments,* op. cit., pp. 90ss.

tantemente. Los religiosos necesitan experimentar a Dios como fiel de un modo que compense sus limitaciones. La experiencia de Dios dándose y dialogando con nosotros nos ayuda a responder a una llamada que se nos da, que no la ganamos. Sin la experiencia de que Dios continúa llamando, apoyando y revelando, los religiosos pueden ir experimentando gradualmente cada vez menos desafío moral en su vocación.

La sensación de autoconstruirse basándose tan sólo en la fuerza y los talentos personales puede alimentar un egoísmo mutilador. En una crisis podemos estar ciegos a los temas relativos a la responsabilidad respecto de los demás –que son importantes para la naturaleza de los votos y el sentido de la vida que ellos afirman– si las necesidades personales constituyen la única perspectiva del discernimiento[9]. La conciencia continua de la presencia de Dios puede ayudarnos a encuadrar nuestras preocupaciones en un marco más relacional e interconectado que, en última instancia, puede ayudar a los religiosos a integrar los compromisos a largo plazo y las necesidades personales.

Un último signo de que la libertad necesaria para el compromiso con la vida religiosa está presente es la capacidad de construir una comunidad que tenga la mirada orientada hacia el exterior. La comunidad de fe cree que las personas crecen mediante el servicio a una comunidad que tiende también la mano a los demás. No basta con la autonomía como interés egoísta, sino que el respeto por la dignidad ajena y la preocupación por el bienestar de la sociedad en su conjunto son más importantes que una vida centrada únicamente en el interés personal.

La sociedad ve este tipo de compromiso como la muerte de la libertad, porque la interrelación con los demás exige limitar las opciones. La comunidad de fe cree que la verdadera libertad es la libertad en relación. La libertad sin limitaciones no existe ni libera de

---

9. Klaus DEMMER, *op. cit.*, p. 300.

la influencia ajena. La libertad real es una llamada a entregarse.

Para la comunidad de fe, una sociedad saludable es más que el estadio en que los individuos experimentan el drama de la vida. La vida grupal no es el resultado de situar juntos a unos individuos ya «terminados». En lugar de ser externas a nosotros, estas relaciones forman parte de nuestras vidas y de nuestra autocomprensión. Contribuir a la comunidad y a la sociedad es una parte esencial de la realización humana. Por esta razón. La atención a la calidad de vida de nuestro entorno y del mundo es importante para la visión de la comunidad de fe de una vida plena de sentido y comprometida.

La capacidad de establecer una vinculación afectiva realista

Nosotros no somos esos «cowboys» solitarios que constituyen la imagen que la sociedad tiene del individuo, sino que crecemos y llegamos a ser gracias a la sociedad. En muchos aspectos, dependemos de ella. Sin embargo, la sociedad no se presenta totalmente hecha en nuestras vidas, sino que debemos configurarla mediante nuestra libertad. Esto suscita el tema de qué significa la vinculación afectiva realista. Si la capacidad de contribuir a un conjunto mayor es un signo de buena disposición para una vida comprometida, entonces los detalles específicos de esta habilidad deben ser explicados claramente.

Cuando la comunidad de fe enaltece los valores de la vinculación afectiva con los demás y la contribución a la sociedad, ello no supone una aprobación acrítica del grupo sobre el individuo, sino que lo que ocurre es que todos los ordenamientos sociales, desde la familia al sistema social, son modos específicos de enfocar las relaciones humanas. Y todos tienen que ser analizados críticamente. Vincularse a los demás no significa dejarse pisotear.

Todas las instituciones están abiertas al cambio, puesto que reflejan modos específicos de concebir las relaciones humanas que tienen alternativas. La vinculación afectiva realista implica la disposición a establecer relaciones. Implica también la capacidad de cambiar las relaciones humanas deshumanizadoras mediante el cambio de las instituciones que estructuran y perpetúan esas relaciones. Ser capaz de vincularse afectivamente con los demás en comunidad y en sociedad no significa un ajuste pasivo al status quo.

La vinculación afectiva realista significa también que contribuimos a los sueños y a la visión de un grupo, aunque reflexionando críticamente sobre sus modos de pensamiento predominantes. Todos los grupos tienen un sistema de creencias, leyes y valores que legitiman los modos en que las personas se relacionan unas con otras. Es una ingenuidad pensar que las ideas predominantes en cualquier grupo favorecen el cambio en la vida grupal o que beneficiarán a quienes se encuentran marginados.

La vinculación afectiva realista implica la capacidad de apoyar a una comunidad y de identificarse con ella, pese a criticarla. Es necesario que identifiquemos cómo nuestro modo de pensar entorpece o ayuda al propósito grupal o al crecimiento de los miembros de la comunidad. Dado que todos los grupos y todas las sociedades poseen un sistema informal de creencias, identificar y examinar éstas es una dimensión constante de cualquier tipo de vida comunitaria. Aunque la sociedad y el grupo siempre establecen un cierto límite a nuestra libertad, nosotros transformamos nuestras vidas transformando ese grupo o esa sociedad. Y la capacidad de hacer esto a lo largo del tiempo es un signo vital de vocación religiosa.

Resumen: el núcleo de la decisión vocacional

La historia de las decisiones que tomamos a lo largo de la vida tiene un significado mayor que el mero recuento de una sucesión de actos aislados que carecen de vinculación. Por el contrario, cada historia personal contiene un significado interno. En el núcleo de la vida de cada uno de nosotros hay un centro personal que resiste y perdura a través de todos los cambios y transiciones de la vida.

La decisión vocacional tiene en sus raíces la intención de expresar nuestra verdad personal en una opción práctica[10]. Vivimos los votos en interdependencia con la comunidad, en la que continuamos descubriendo y expresando nuestro significado personal. Los límites implicados en esta interdependencia son la base a partir de la cual se alcanzan el verdadero significado personal y la madurez. La capacidad de vivir estas creencias básicas de la comunidad de fe es la que determina nuestra disposición para un compromiso vocacional y la que alimenta constantemente su desarrollo.

---

10. Para una explicación más completa, véase Josef FUCHS, «Basic Freedom and Morality», en (Ronald P. Hamel y Kenneth R. Himes, O.F.M., [eds.]) *Introduction to Christian Ethics,* Paulist Press, New York 1989.

SEGUNDA PARTE

LOS PROBLEMAS
DE LA TRANSICIÓN

4
De la identidad a la transformación

El tránsito

Si analizamos los últimos veinte años de la vida religiosa, veremos que hay un valor que ha sido afirmado de modo inequívoco: el valor de la persona. Esta afirmación no ha sido meramente verbal, sino que se ha institucionalizado en todos los niveles de la vida religiosa. Centrarse en el valor de la persona –quizá más que en cualquier otro valor– simboliza, desde una perspectiva interna, el cambio en el contexto de la vida religiosa que hemos experimentado desde el concilio.

Sin embargo, la noción de persona que ha sido afirmada no ha provenido de una única fuente. Consciente e inconscientemente, el énfasis en la persona ha procedido tanto de la Iglesia como de la cultura. La renovación en los retiros dirigidos y en la oración carismática ha proporcionado una visión espiritual de esta misma realidad.

La teología del Concilio Vaticano II y las nuevas perspectivas escriturísticas y litúrgicas en la Iglesia han alimentado también este movimiento. Los religiosos han aprendido de las artes. Han encontrado a Jesús en la literatura y en el Cristo de Fellini. La música litúrgica ha empleado los ritmos e instrumentos de nuestro tiempo y ha expresado las preocupaciones de las personas.

Las congregaciones han adaptado las ideas centradas en la persona procedentes del mundo empresarial y han utilizado ampliamente la psicología tanto clásica como popular a la hora de ayudar a sus miembros a llegar a una mejor autocomprensión. Han cambiado sus políticas económicas y han desarrollado un sistema presupuestario más personalizado.

Se han desarrollado técnicas comunicativas y se ha promovido una conciencia holística de la salud. La especialización y la profesionalización del trabajo, que en parte son un reflejo del énfasis en la persona de nuestra sociedad, se han integrado también en las vidas de los religiosos.

El énfasis en la persona también ha sido crítico. Nos hemos vuelto hacia las críticas al sistema social que adquirieron relevancia a finales de los años sesenta y que han sido proseguidas por muchos grupos eclesiales y movimientos cívicos en los setenta y los ochenta. Los derechos civiles, la integración multicultural, la atención al medio ambiente, la paz, el Tercer Mundo y la pobreza se han contado asimismo entre nuestras preocupaciones, porque también están en interrelación con las posibilidades que los individuos tienen de ser verdaderas personas. Estos movimientos nos han forzado a examinar nuestras actitudes y creencias.

Algunas personas han descubierto que el movimiento feminista ha clarificado su noción del tipo de persona en que quieren convertirse y del tipo de sociedad que quieren construir. Muchas personas han encontrado ayuda en estos movimientos a la hora de clarificar su yo, su definición comunitaria y su imagen del mundo mejor al que las llama el Evangelio.

Sin embargo, las numerosas fuentes en que los religiosos han bebido para apoyar su afirmación de la persona no siempre han estado de acuerdo con lo que la persona es. En ocasiones, sus imágenes de la persona han parecido contradictorias. Los religiosos han permitido que su cultura les enseñe, tal como fueron animados a hacer por el Vaticano II. Como buenos jardineros, estos movimientos han podado y fertilizado las congregaciones. Y éstas han crecido.

Nos hemos dado sombra unos a otros y hemos sido fecundos. Sabemos lo que significa ser un cactus cargado de agua en los desiertos del ministerio y de la vida. Algunos han imaginado ser robustos pinos manteniéndose firmes ante las tormentas emocionales y físicas de la injusticia y del ciclo vital. Otros han sido desarraigados por los violentos vientos de la vida, que los han dejado quebrantados y necesitados de puntales y de tiernas atenciones para sobrevivir. Entre nosotros han crecido renuevos, y los robles predilectos han caído. Los religiosos, hombres y mujeres, saben que estos años y estos movimientos los han afectado.

Sin embargo, a medida que estos años y movimientos han ido recortando los excesos y nutriendo áreas subalimentadas de nuestras vidas, muchos religiosos no han estado seguros de haber ofrecido la visión integrada de la persona que trataban de fomentar. Por ello, en nuestro tiempo los religiosos luchan de nuevo por crear un centro de valor en sí mismos y en sus congregaciones a partir del cual poder encauzar su crecimiento ulterior.

Síntomas de la búsqueda de un centro

La búsqueda de un centro de valor es también la búsqueda de un significado común en las congregaciones religiosas. Aunque los últimos veinticinco años han sido de plena exploración, no han proporcionado tiempo para pasar las experiencias por el tamiz, a fin de encontrar su significado común para el futuro.

Desde el Concilio Vaticano II, las órdenes religiosas se han organizado para estar abiertas a la pluralidad de sistemas de significado que el período de renovación ha creado. Se han esforzado por proteger la libertad individual y crear un clima de tolerancia. Sin embargo, han tenido menos éxito a la hora de crear una visión común y unos criterios mediante los cuales pueda medirse la validez de sus vidas.

La visión común es necesaria para la orientación futura. La falta de criterios hace difícil determinar qué experiencias son incongruentes con la identidad de la congregación o incompatibles con su misión. El resultado es que, para algunos, la identidad religiosa se ha vuelto tan elástica que ha perdido su significado.

Mary Jo Leddy se refiere a este fenómeno como desarrollo del modelo liberal de vida religiosa[1], que refleja la gran prioridad que las congregaciones han dado a lo individual desde el Concilio Vaticano II. El modelo o perspectiva liberal está basado en la premisa de que el desarrollo del individuo redundará automáticamente en un beneficio común, lo que contrasta con el enfoque conservador en el que la identidad grupal se promueve principalmente a través de leyes centralizadas.

Una visión integrada del conjunto no es de suma importancia para el modelo liberal. La insistencia en un propósito común se ve como una limitación de la libertad. En el lugar de una visión social común ante la cual todos son responsables, los miembros toman decisiones armonizando los intereses opuestos para la resolución del conflicto. Este modelo crea mayor pluralismo, pero a costa de la pérdida del sentido de una dirección común.

La búsqueda por parte de las congregaciones religiosas de una vida y un ministerio más significativos se refleja en el modelo liberal. Como individuos en busca de significado en medio de las angustias del cambio, han luchado por alcanzar un nuevo sentido de la identidad. Han dejado atrás los modos establecidos de hacer las cosas y han tratado de llegar a unos nuevos valores.

Un paralelismo con este proceso puede encontrarse en el proceso normal de maduración en la vida de cualquier individuo. Se trata de una búsqueda que

---

1. Mary Jo LEDDY, «Beyond the Liberal Model»: *The Way*, Suplemento 65 (verano 1989) 40-53.

conlleva el ensayo y el error. Sin embargo, para alcanzar el éxito, el proceso requiere también que la persona ponga a prueba su experiencia. Diversas satisfacciones de la vida tienen que ser sopesadas y comparadas. En última instancia, hay que elegir unas y rechazar otras[2].

El modelo liberal da ocasión a este primer paso –la búsqueda del ensayo y el error– en la adquisición de nuevos valores, pero tiene menos éxito en lo que respecta al segundo paso, la puesta a prueba de la experiencia. La razón de este defecto es que el modelo liberal obedece a una visión liberal del mundo, y esta perspectiva da por sentado que es posible un número ilimitado de opciones. Por ello, hay pocas razones para limitar estas últimas[3].

Es fácil percibir por qué la mentalidad liberal era atractiva para las congregaciones religiosas cuando estaban pasando por la renovación. Estaban ansiosas de alcanzar las posibilidades que tal atmósfera de apertura les ofrecía. Veían las posibilidades ante ellas, y asumían los riesgos necesarios para lograr un sentido de la identidad renovado. Estos riesgos han sido esenciales para la construcción de un nuevo sistema de significado a la luz del Vaticano II.

La crisis que las congregaciones religiosas afrontan hoy consiste en poner en orden sus valores y establecer prioridades entre ellos. En última instancia, algunos valores tendrán que ser subordinados a otros cara a un propósito unificador. En la vida de la congregación, como en la vida de cualquier persona, es inevitable establecer prioridades.

---

2. Juan Luis SEGUNDO reflexiona sobre la fe requerida por este proceso en *Faith and Ideologies,* Orbis Books, New York 1982, cap. 1. Véase también Roger HAIGHT, SJ, *Dynamics of Theology,* Paulist Press, New York 1990, cap. 1.
3. Para una explicación del enfoque del modelo liberal, véase Joe HOLLAND y Peter HENRIOT, SJ, *Social Analysis: Linking Faith and Justice,* Center of Concern, Washington 1980, pp. 14-15.

Se debe optar aun cuando no haya modo de asegurar que los objetivos elegidos merezcan realmente el coste de renunciar a otros. Es posible obtener algún tipo de enfoque, aunque en la vida no haya nunca tiempo suficiente para poner a prueba todas las posibilidades. La perspectiva liberal parece ocultar a las congregaciones estas realidades vitales, lo que retrasa el crecimiento. Sin embargo, la fe en la que se basa la vida religiosa exige ese proceso limitador.

La llamada inherente de la fe

No son únicamente las realidades externas, como el declive en número o la restricción de los recursos económicos, las que exigen ese proceso limitador, sino la naturaleza de la fe sobre la que está construida la vida religiosa. La fe es la base sobre la cual cada persona tiende en el amor hacia el misterio que está más allá de sí misma. La fe nos posibilita entregar nuestras vidas al discipulado de Jesús a través del carisma de nuestra congregación religiosa particular.

La crisis que afrontan hoy los religiosos y sus congregaciones está conectada con la fe que es la fuente de su vida. La solución no consiste simplemente en tener fe, sino que es más una cuestión de *cómo estructurar* las expresiones de la fe para transformar la Iglesia y el mundo en orden a transmitir esa fe a la siguiente generación. Toda fe tiene un sentido práctico. Creer conlleva una llamada a la acción vivificante. Un tipo particular de acción exigida hoy por las congregaciones es la generativa; acción que concierne a la próxima generación y al bien común.

La llamada a establecer prioridades

Las congregaciones afrontan un desafío similar al afrontado por los adultos que optan por ser generativos. Una pareja joven deseosa de tener un hijo tiene que estar dispuesta a renunciar a algunos aspectos de su vida social en orden a crear una familia. Los pasos para que una congregación sea generativa son similares a los del patrón de crecimiento humano.

En el nivel personal desarrollamos un sentido de los valores personales y establecemos objetivos. A continuación aprendemos a estructurar nuestra vida en torno a nuestros valores. Tenemos qué aprender qué otros valores contribuyen a desarrollar los que nosotros hemos elegido y en qué medida lo hacen. Por ejemplo, un profesional joven puede tener que conseguir un nuevo empleo a fin de poder tener otro hijo. Los padres aprenden a través de la experiencia el precio que están dispuestos a pagar por alcanzar parcialmente sus objetivos y qué precio es tan elevado que significa la destrucción de los propios objetivos que pretenden[4]. Las congregaciones se ven hoy ante la misma tarea.

Para que los individuos sean generativos, la premisa de que es posible un número ilimitado de opciones tiene que ser superada junto con los demás recuerdos de la adolescencia, tan amados pero ya inútiles. El mismo tipo de proceso y de honestidad es necesario hoy en las congregaciones. Continuar con el modelo liberal de renovación tiene un coste, que consiste en una pérdida de significado causada por utilizarlo no como una herramienta transitoria y sanadora, sino como un fin en sí mismo. Los religiosos se preguntan hoy si el precio no es demasiado alto para las libertades que promete.

La llamada a una sabiduría práctica

La acción generativa exige también la capacidad de afrontar la realidad y renunciar a las ilusiones. Para las congregaciones religiosas, esto implica la capacidad

---

4. Juan Luis SEGUNDO, *Faith and Ideologies,* op. cit., p. 8.

de reconocer la condición real de la vida religiosa actual y de emprender una búsqueda creativa respecto de cómo hacer su fe comunitaria eficaz en la presente situación. En orden a ello, los religiosos necesitan un nuevo tipo de sabiduría práctica. Como comunidades necesitamos saber el modo mejor y más económico de combinar el significado de nuestros fundamentos esenciales con la pericia de manipular los límites de nuestra realidad.

La sabiduría práctica es la capacidad de tener una visión doble: tener un ojo en las alternativas y otro en los límites reales de las responsabilidades de la congregación. Las comunidades actúan con sabiduría práctica cuando pueden juntar ambos y «ver», en una decisión concreta, dónde puede combinarse «lo que puede ser» y «lo que es».

Necesitamos la habilidad de percibir el momento presente y reflexionar sobre él críticamente. Esto requiere una disposición a profundizar para examinar si el terreno de nuestras premisas congregacionales sigue siendo fértil. ¿Puede plantarse el futuro en nuestro terreno? ¿Es adecuado para las presiones medioambientales del próximo milenio o ha quedado inservible por los residuos químicos de unas visiones del mundo adecuadas para el florecimiento en estaciones de la vida religiosa ya pasadas? ¿Podrían esas actitudes destruir en el futuro el terreno?

La llamada a centrar las energías de la congregación en este aspecto de la renovación no es simplemente una necesidad exigida por la reducción tanto numérica como de los recursos económicos. Tal premisa parte de la base de que un milagro en los esfuerzos por desarrollarse o en el reclutamiento vocacional podría permitir a las congregaciones continuar como hasta ahora sin ninguna alteración en su modo de proceder. Por el contrario, estas dificultades externas son grandes gracias. Reflejan las limitaciones centrando el esfuerzo en el amor, que es esencial para el significado de la vida religiosa. Impulsan las opciones generativas fundamentales para que las congregaciones construyan el futuro.

La crisis de generatividad

La capacidad de transformar una visión social común hace que la persona o el grupo sea capaz de entrar creativamente en el futuro. En el nivel personal, se trata de la capacidad de generatividad, de invertir emocionalmente en el futuro, especialmente en la próxima generación. La generatividad es más que ser productivo, pues implica la capacidad de preocuparse por lo que ya ha sido creado[5] y de nutrirlo.

Su opuesto, el anquilosamiento, es la incapacidad de mantener el interés por los vástagos de la propia generatividad, ya sean hijos o trabajo. En este caso, el ensimismamiento y la preocupación por las necesidades individuales reemplaza al movimiento hacia las necesidades ajenas. El resultado es una pérdida de interés, respeto o compasión por aquellos de los que somos responsables.

La generatividad puede distinguirse de otros tipos de implicación y activismo. Un adulto puede estar interesado por la vida e implicado en muchas actividades, pero no tener interés por la próxima generación o por los elementos más profundos de la vida, que requieren compromiso y entrega a largo plazo.

Lo que caracteriza a la verdadera generatividad es la disposición a participar en una visión social más amplia, ya sea de la familia, la comunidad o la nación; visión a la que se subordina el interés personal. Tal entrega vincula a la persona a una red de solicitud social o cósmica. Y esa red es la que sostiene a la persona a la hora de practicar una entrega emocional continua

---

5. Donald CAPPS, *Deadly Sins and Saving Virtues,* Fortress Press, Philadelphia 1987, pp. 58-70.

que va más allá de sus intereses personales y se realiza a despecho de contrariedades y decepciones. En este proceso, la presión de la apatía vital se ve contrarrestada por el progreso espiritual suscitado por la generatividad. Sin dicho progreso, la apatía aumenta y es alimentada por la incapacidad de preocuparse por la angustia ajena[6].

Magos o sacerdotes

Los grupos pueden identificarse por su capacidad de ser generativos. Un modo de medir los efectos de las creencias religiosas de un grupo es su capacidad de estimular esa perspectiva generativa. El sociólogo Max Weber afirmaba que uno de los indicadores principales de cómo funciona realmente la religión en una comunidad es su capacidad de llevar a dicha comunidad a transformarse a sí misma. Weber comparaba el rol de la religión con el del mago o el del sacerdote. No comparaba a los sacerdotes y los magos como individuos, sino que los utilizaba como símbolos del modo en que la religión puede influir en la vida de un grupo.

El mago no lleva a la comunidad a transformarse a sí misma o a afrontar los nuevos desafíos suscitados por los cambios en el entorno, sino que manipula a los dioses para ajustarlos a las expectativas de las personas tal como son en ese momento. Cuando la religión funciona como un mago, consuela, pero no ofrece ningún desafío.

El sacerdote, por otro lado, lleva a la comunidad a la transformación, para afrontar las perplejidades de un nuevo entorno y después adaptarse a ellas. El sacerdote llama a la comunidad a cambiar. Desafía a la comunidad a dejar atrás sus deseos egoístas para resistir las llamadas de la realidad en su vida. El sacerdote

---

6. *Ibid.*, pp. 106-109.

utiliza los ritos sagrados de la religión para recordar al grupo la necesidad de avanzar e interconectarlo con la visión trascendente necesaria para hacerlo[7]. Cuando la religión funciona como un sacerdote, desafía además de consolar.

La generatividad
y el modelo liberal de vida religiosa

El modelo de vida religiosa liberal o terapéutico es criticado actualmente por su incapacidad de generar una visión común[8], sin la cual la acción generativa es difícil. Utilizando el análisis de Weber podemos preguntarnos en qué aspectos asume la vida religiosa características mágicas, en lugar de una orientación sacerdotal.

El modelo institucional de vida religiosa anterior al Vaticano II generó una visión común con la ayuda de los sistemas de vida común. El modelo liberal, sin embargo, se desarrolló fundamentalmente para alimentar las dimensiones personales de la vida religiosa que no eran abordadas en las estructuras pre-Vaticano II. La idea central de este enfoque consiste en crear una atmósfera de tolerancia y pluralismo, en orden a posibilitar a los miembros individuales el desarrollo más pleno posible de su libertad; una libertad que el modelo previo no permitía[9].

Dadas las dificultades de crear una visión común y, al mismo tiempo, mantener la prioridad de los intereses personales, el modelo liberal se encuentra en crisis. Muchas congregaciones están experimentando es-

---

7. Para un comentario sobre el pensamiento de Weber en este aspecto, véase Gregory BAUM, *Religion and Alienation*, Paulist Press, New York 1975, pp. 86ss (trad. cast.: *Religión y alienación: lectura teológica de la sociología*, Cristiandad, Madrid 1980).
8. Mary Jo LEDDY, *op. cit.*, p. 44.
9. *Ibid.*, p. 46.

ta tensión cuando tratan de poner en el centro de atención su sentido de la misión y equilibrarlo con el desarrollo personal y el compromiso con la comunidad.
Luchan por superar la apatía en torno a la construcción
de la comunidad y la indiferencia ante el sufrimiento
del mundo[10].

Una nueva encrucijada

Parece evidente que las congregaciones religiosas se
encuentran en una encrucijada. Ante la realidad de la
Iglesia y el mundo actuales, pueden optar por funcionar como sacerdotes o como magos. Una opción im-
plicada en esta decisión es la disposición a aceptar la
creación de una visión social común y a centrarse en
las necesidades reales de los demás, trascendiendo los
intereses personales y los cómodos estereotipos[11]. Es
el desafío de la generatividad.

Si, como religiosos, rechazamos el desafío de la
generatividad, algunas congregaciones pueden tomar
el camino de todas las comunidades «mágicas» y, o
bien atraer tan sólo a quienes tratan de encontrar una
vía de escape, o bien simplemente desaparecer. Necesitamos preguntarnos si es nuestra incapacidad de
lograr que la religión funcione de manera transformadora en nuestras congregaciones la que está poniendo
en duda el futuro de la vida religiosa. De ser así, el
actual malestar acerca de nuestro futuro es una crisis
creada por unos mecanismos que pueden cambiarse,
no se trata de algo inherente al sentido de la propia
vida religiosa.

Como en la vida de cualquier adulto, la crisis de
generatividad en una congregación religiosa es un
momento normal de su desarrollo. Los efectos sana-
dores del estilo terapéutico de vida religiosa posterior

---

10. Gerald A. ARBUCKLE, «Suffocating Religious Life: A New Type
    Emerges»: *The Way* 65 (verano 1989) 36.
11. Mary Jo LEDDY, *op. cit.*, p. 41.

al Vaticano II son importantes, pues sin ellos no habría habido desarrollo de la vida religiosa. Sin embargo, el peligro actual es el anquilosamiento, es decir, la permanencia, como individuos y como congregaciones, en un período del desarrollo mucho después de que nuestra necesidad de los apoyos de ese estilo de vida se haya visto satisfecha.

La promesa que conlleva el hecho de afrontar una nueva llamada consiste en que la autoidentidad alcanzada gracias a las ayudas de ese período puede transformarse en una actitud, caracterizada por la solicitud y la sabiduría, que distinga a la comunidad transformadora. La solicitud que supera la apatía del ensimismamiento refleja la propia solicitud de Dios por el mundo y hace patente la dimensión transformadora de la religión en la vida cotidiana.

La sabiduría capaz de afrontar las pérdidas inherentes a las limitaciones de la vida es una preocupación por la vida y su sentido algo distante. Tal sabiduría lleva a la renuncia responsable, es decir, a la capacidad de desprendimiento en orden a profundizar más en una auténtica respuesta a la realidad[12]. Sin embargo, la cuestión que afrontan hoy las congregaciones religiosas es la de qué aspecto de la realidad tiene el poder de llamarnos a la vida con mayor profundidad.

---

12. Margaret FARLEY, *Personal Commitments,* op. cit., p. 111.

5
Más allá del modelo liberal: la capacidad transformadora

Identificar la sombra de una cultura de la opulencia

A lo largo de la historia de la Iglesia, la vida religiosa ha proporcionado un modo de vida alternativo no sólo a la propia Iglesia, sino también a la sociedad. Cada época de la vida religiosa ha constituido un testimonio dentro de la cultura en la que se ha desarrollado. La huida al desierto de los primeros monjes supuso una crítica a la decadencia de la civilización romana. Las órdenes mendicantes de la Edad Media pusieron en cuestión el *status* de los hacendados ricos y la parálisis societal del sistema feudal. Y las congregaciones dedicadas a la enseñanza del siglo XIX criticaban la antigua práctica social que reservaba la educación únicamente para las elites.

La llamada a seguir a Jesucristo como religioso/a ha implicado siempre una actitud social concomitante. La actitud social expresa una consecuencia práctica de la llamada de Jesús en un momento concreto de la historia. La postura en sí misma no es la llamada, sino que representa una respuesta más profunda del corazón. Testimonia que algo más que las motivaciones normales de la vida subyace al centro de esta vocación. Esta motivación es lo suficientemente fuerte como para proporcionar una nueva perspectiva, no sólo a la propia vida, sino también a la sociedad. La actitud subraya que la vocación religiosa no es únicamente para los religiosos, sino que tiene que tener un efecto sobre la condición de la vida humana en el momento de que se trate.

¿Cuál es la postura social que adoptan hoy las órdenes religiosas? Frente a nuestra situación global actual, ¿cuál es la vocación histórica que recupera inequívocamente el carisma contracultural básico de la vida religiosa? Este capítulo analiza estas cuestiones, así como el nuevo realismo que necesitan las comunidades en orden a responder hoy a esa vocación.

El enfoque actual

En el mundo de hoy hay muchas necesidades; sin embargo, hay una que destaca y desafía a los religiosos ante el nuevo milenio. La vida religiosa está llamada hoy a dar testimonio de que toda la humanidad tiene relación con los pobres del mundo. Negar la presencia de los pobres y nuestra responsabilidad hacia ellos es una de las mayores imposturas de nuestro tiempo. Tal negación requiere la claridad de una contra-respuesta, a fin de superar el poder de la negación.

La negación de los pobres funciona en nuestra sociedad de manera análoga a la negación de la sombra, o de aspectos no queridos de la personalidad, en cada vida adulta. A través de varios mecanismos, las personas simplemente niegan partes de su personalidad que no encajan en su autoimagen operativa o en la confirmada por la sociedad[1]. Dicha negación no hace desaparecer las características no queridas, sino que simplemente las aparta de la vista.

Análogamente, los pobres funcionan como la sombra de una sociedad opulenta en la que muchos niegan su existencia. Los pobres nos recuerdan que no todo el mundo triunfa, ni siquiera en la tierra de las oportuni-

---

1. William MILLER, *Your Golden Shadow,* Harper & Row, San Francisco 1989.

dades. En el nivel del mundo en su conjunto, su presencia es aún más perturbadora. La pobreza global no es un accidente. El creciente número de pobres en el mundo es resultado directo de las opciones económicas de postguerra en los países del Primer Mundo en connivencia con las elites dirigentes de los países pobres[2]. Es un hecho que la pobreza es el resultado de unos comportamientos a los que muchas personas no quieren renunciar.

El nivel nacional no es mejor. En los Estados Unidos hay más pobres hoy que hace diez años, como consecuencia de las opciones económicas y políticas tomadas en época reciente. Dado que el estilo de vida consumista y la persistencia de la pobreza están relacionados, ver a los pobres como nuestra sombra tiene que concernir a todos los miembros de todas las congregaciones religiosas[3]. Sin embargo, la actitud básica de muchos habitantes de los países desarrollados hacia los pobres es de negación. Y las congregaciones religiosas pueden compartir también esa indiferencia.

La relación con los pobres

La expresión «relación con los pobres» tiene un matiz ligeramente distinto de «opción por los pobres», expresión utilizada hoy en la Iglesia. Se trata de una actitud más fundamental que subraya el hecho de que los individuos y los grupos están relacionados con los pobres opten o no por ellos conscientemente. En otras palabras, las personas no sólo crean una relación con

2. Para una buena visión de conjunto de la relación entre la responsabilidad del Primer Mundo y la pobreza mundial, véase Elizabeth MORGAN, Van B. WEIGEL y Eric DE-BAUFRE, *Global Poverty and Personal Responsibility: Integrity Through Commitment,* Paulist Press, New York 1989.

3. Véase, por ejemplo, el desafío presentado en la Pastoral Económica de los Obispos «Economic Justice for All: Catholic Social Teaching and the U.S. Economy»: *Origins: N.C. Documentary Service* 16 (27-noviembre-1986) 408-455.

los pobres abogando por ellos, sino que también son juzgadas por su relación con los pobres porque están plenamente relacionados con ellos en razón de su humanidad. Únicamente una sociedad habituada a una falsa definición del sentido de la vida y de sus relaciones esenciales puede negar este hecho.

En este contexto social, los religiosos están llamados a dar testimonio de una postura alternativa. Asumir la relación con los pobres es un modo de que una congregación pueda comunicar su inspiración religiosa. ¿Por qué? Porque, como los pobres no son afirmados por ningún sistema de pensamiento imperante, la respuesta ante ellos da testimonio de la naturaleza de la verdadera religión, es decir, de que la religión conecta a las personas con un sistema de significado más amplio que su cultura. Y esta conexión debe iluminar los valores de la vida a pesar de la oscuridad de la ceguera personal y societal.

La postura social de las congregaciones religiosas respecto de los pobres no es sinónimo del entero significado de la vida religiosa, sino que se limita a ser un modo de que los religiosos testimonien el significado de Dios en sus vidas. Sin embargo, una solicitud que trascienda el egoísmo –en beneficio de los pobres– es hoy un símbolo importante. Testimonia que la fe en Dios genera una solicitud y una visión que van más allá de la preocupación por uno mismo.

El desafío de los pobres

El creciente número de pobres es una realidad humana cuya seriedad no tiene paralelismo en el mundo actual. Los pobres están en contradicción directa con todo lo que la persona moderna profesa como valioso en la vida actual, pues critican nuestra visión del mundo con su mera presencia.

Su sufrimiento no puede explicarse o predecirse como un estadio normal del ciclo vital. La descripción de su sufrimiento pone en cuestión hasta su mismo núcleo la adecuación del entero sistema de significado de la sociedad del Primer Mundo. Para ellos, el trabajo duro y la iniciativa no conllevan prosperidad, sino que el trabajo duro supone más trabajo duro, y la iniciativa se ve sofocada por unos sistemas organizados para mantenerlos en la pobreza. El significado mismo de la libertad humana se ve puesto en cuestión cuando la experiencia de muchas personas dice que no poseen los medios materiales para gozar de opciones[4].

Las personas religiosas de todo el mundo tienen que analizar la relación entre la respuesta a la pobreza y la verdadera religión. ¿Está la religión ayudando al mundo a avanzar como comunidad o está proporcionándole más medios para encerrarse en sí mismo?[5] Esta cuestión es común tanto para el Este como para el Oeste, y tanto para los cristianos como para quienes profesan otras fes. Los dos grupos de personas más amplios con los que los creyentes están hoy en diálogo son los pobres y los no creyentes. Las congregaciones religiosas comparten el testimonio de cualquier religión ante ambos grupos cuando disciernen su respuesta a la crisis mundial de la pobreza.

Sin embargo, una comunidad religiosa no puede contribuir auténticamente a la formación de un consenso público para abordar mejor las preocupaciones de los pobres si su propia vida interna es un mero reflejo de los problemas de una cultura de la opulencia. El reconocimiento de una relación con los pobres requiere un cambio continuo en las congregaciones religiosas. El desafío que los pobres nos plantean hoy es más profundo que la ya conocida «opción por los pobres» –que nos permite continuar con un estilo de

4. Roger HAIGHT plantea la siguiente cuestión: «¿Qué significado tiene decir teológicamente que la libertad define la existencia humana cuando tantos seres humanos no son de hecho libres?», en *An Alternative Vision,* Paulist Press, New York 1985, p. 34.

5. Aloysius PIERIS, *An Asian Theology of Liberation,* Orbis Books, New York 1988, pp. 15-31.

vida destructivo y proporcionar ayuda a los necesita-dos–, pues excluye el apoyo a una política exterior que impone unas relaciones comerciales de enorme dure-za, aunque proporcione un mínimo alivio de la deuda, a fin de que el sistema económico no se colapse[6]. Es la decisión por los pobres la que cambia a las personas y los grupos, al mismo tiempo que transforma la situa-ción. Para los religiosos se trata de una decisión cen-trada no en la continuación de la vida religiosa como una atmósfera terapéutica, sino en la vitalidad de una civilización que sigue teniendo la oportunidad de elu-dir el inevitable desastre que resultará a largo plazo de la negación.

El desafío que afrontamos hoy los religiosos consiste en averiguar si nuestro testimonio corporati-vo contribuye realmente a la adquisición de una nueva concienciación respecto de los pobres en nuestro mun-do. El mensaje contracultural de la vida religiosa ac-tual tiene el poder de llegar a lo más profundo de la patología de nuestra cultura, pues afirma que nuestra vida común en sociedad exige más que la mera preo-cupación por la acumulación material[7].

Realismo y vida corporativa

Una congregación, si quiere dar testimonio corporati-vamente de las preocupaciones de los pobres y llevar adelante su misión, necesita un nuevo tipo de realis-mo. En lo que queda de capítulo vamos a investigar la naturaleza de ese realismo y por qué es necesario. Analizaremos también la relación entre el realismo y el desarrollo actual de la vida corporativa en una congregación.

6. J. Brian HEHIR, «Third World Debt and the Poor»: *Origins* vol. 18, 607-612.
7. Sobre esta patología en la cultura norteamericana, véase Robert BELLAH, *Habits of the Heart,* op. cit., p. 295.

No es fácil crear una vida corporativa. Si una congregación quiere una vida conjunta generativa –es decir, que esté orientada hacia el exterior– y transformadora –es decir, creativa y eficaz–, la tarea es aún más ardua. Es probable que uno de los mayores enemigos de la vida corporativa sea el romanticismo.

El romanticismo es un medio ambiente congregacional centrado fundamentalmente en sentimientos de compatibilidad o en las dinámicas internas del grupo. Cuando el romanticismo tiñe la respuesta de una congregación a la sociedad en su conjunto, el grupo puede desviar tanta energía hacia las diferencias entre sus miembros que se aísle de las redes institucionales más amplias que son esenciales para alcanzar la eficacia.

Los grupos se refugian en formas institucionales anticuadas, aferrándose a sus glorias pasadas y esperando que sea el mundo el que les proporcione un contexto para la misión que exija poco cambio por su parte. O se anquilosan porque sus hipercríticas y nada realistas expectativas paralizan todos los esfuerzos constructivos de la congregación. En una atmósfera romántica se mantiene la falsa esperanza de que algún día la persona o el proyecto adecuados o la ausencia de limitaciones externas lo cambiarán todo. El enfoque mágico o romántico del estrés de la transición tiene que ser contrarrestado por un realismo que pueda afrontar los límites y las posibilidades de la situación actual.

Una actitud mágica o romántica por parte de una congregación puede reflejarse de muchos modos. Los más habituales son el sectarismo y el mantenimiento de estilos relacionales disfuncionales. El sectarismo vuelve la espalda a la interconexión constructiva con los demás. En una atmósfera sectaria, las personas se asocian únicamente con quienes comparten sus prioridades y su visión del mundo, y quienes se percibe que no comulgan con la misma perspectiva no son nunca aceptados como copartícipes en un proyecto o actividad.

En una atmósfera sectaria se gasta una gran cantidad de energía en clarificar quiénes son del grupo y quiénes no, pues entre los grupos se mantienen unas fronteras rígidas. El sectarismo es romántico porque se centra excesivamente en la vida interna del grupo. Hace de la conformidad ideológica o de comportamiento un valor superior a la interrelación con los demás en orden a satisfacer las necesidades de la sociedad en su conjunto[8]. La perspectiva sectaria niega que la vinculación afectiva con los demás exija la aceptación de las limitaciones y la imperfección en orden a alcanzar unos objetivos comunes. Se construye sobre la premisa de que las diferencias eliminan la posibilidad de un esfuerzo común.

Una actitud romántica u orientada hacia el interior se mantiene en una congregación a través del apoyo en la comunidad a los comportamientos y las relaciones disfuncionales. Cuando esto ocurre, los esfuerzos por establecer vínculos afectivos, que construyen la vida corporativa, se ven frustrados. Aunque los miembros observan los negativos efectos de ciertos modos de vida, no se hace nada por cambiarlos.

El «anidamiento» es un tipo de comportamiento romántico y disfuncional que consiste en negarse a ser apostólicamente móvil. Las necesidades personales prevalecen sobre la responsabilidad de trasladarse cuando la eficacia ministerial ha desaparecido o cuando las necesidades han sido satisfechas. La «anidación» refuerza el medio ambiente romántico, porque la energía ministerial se transforma en mantenimiento de un trabajo para que la vida pueda proseguir como de costumbre.

Permitir que los estilos relacionales disfuncionales influyan en la vida comunitaria tiene resultados nega-

---

8. Robert K. MERTON, «The Perspectives of Insiders and Outsiders», en *The Sociology of Science: Theoretical and Empirical Investigations,* The University of Chicago Press, Chicago 1973, pp. 99-136 (trad. cast.: *Sociología de la ciencia,* Alianza Editorial, Madrid 1985, 2 vol.).

tivos. Sin embargo, los miembros de la comunidad suelen negarlo. Las necesidades de la comunidad o de la misión se ven desatendidas, porque es más fácil aceptar los comportamientos adictivos y disfuncionales que hacerles frente.

Actividad y pasividad

¿Qué tipo de realismo se necesita para que un grupo sea generativo? Ante todo es útil una visión realista del papel de la actividad y la pasividad en las relaciones grupales. Desde la instauración del análisis social, los grupos han tenido mayor capacidad de analizar las relaciones estructurales que crean problemas en la sociedad y en la Iglesia. Sin embargo, junto a esta habilidad ha llegado la ilusión de que la capacidad de analizar una situación proporciona al grupo un control inmediato sobre ella.

Esta ilusión conduce a la frustración y la hostilidad en el grupo cuando los planes de acción producto del análisis no conllevan cambios en las estructuras tan rápidamente como se producen los cambios en la percepción de la realidad[9]. Lo que suele descuidarse en estos análisis es el papel de la cultura en el cambio de situación. El cambio cultural lleva tiempo, y, cuando se ignora esto, los cambios políticos o económicos son efímeros. Lo mismo puede decirse del cambio de las estructuras eclesiales. Las congregaciones religiosas comprometidas con la renovación de la Iglesia tienen que comprometerse con el cambio no sólo a corto plazo, sino también a largo.

Una congregación con un equilibrio realista entre la actividad y la pasividad puede calcular sus opciones de crecimiento y eficacia evaluando su situación presente y su potencial para el cambio. Todo grupo está

---

9. Francisco F. Claver, sj, «Cultural Analysis Toward Social Change»: *Pulso* 1/1 (Manila 1984) 48-63.

limitado por su lugar en la sociedad, su conciencia grupal actual, su estructura cultural y su entorno. Ésta es la dimensión pasiva o recibida de la vida grupal, que siempre es una constante. Aunque su forma puede alterarse, no es eliminable.

Sin estos límites, no obstante, el grupo no tiene identidad. Un grupo puede sentirse limitado por su asociación con la Iglesia jerárquica, su inmersión en la sociedad de consumo, la pertenencia a un país determinado o la limitación de la formación de sus miembros. Sin embargo, no puede existir sin algún tipo de límites; límites que simplemente revelan el carácter encarnacional de la vida grupal. Sus miembros no pueden desarrollarse sin estas estructuras, aunque sean imperfectas. Ésta es la condición de estar situado. Sin embargo, también es una condición que puede modificarse.

Los grupos sanos evalúan su potencial para el cambio y establecen objetivos realistas para transformar sus límites, en lugar de disociarse de ellos. Sin embargo, una congregación sólo cambia si en su interior hay un número suficiente de miembros activos. A diferencia de la visión romántica, que mantiene que el cambio tendrá lugar gracias a un consenso mágico o a la falta de coacción externa, el punto de vista realista ve que el cambio se produce desde el interior, mediante la implicación en él de las personas que están en la institución.

En una congregación religiosa es crucial poseer un potencial para la interacción sana y el cambio. Las tensiones del mantenimiento de relaciones con las estructuras formales de la Iglesia, el desarrollo de los ministerios y la respuesta a las realidades económicas y políticas plantean dificultades. Dejar a un lado la perspectiva romántica y afrontar estos problemas con realismo proporciona al grupo una vida corporativa generativa y un nuevo futuro.

Afrontar situaciones de injusticia

Un segundo aspecto en el que una congregación necesita actuar con realismo es el reconocimiento de las situaciones de injusticia que se dan en ella. Todas las relaciones en las congregaciones conllevan limitaciones o reducción de las posibilidades. Un alto directivo lo expresaba del siguiente modo: «Un grupo puede hacer muchas cosas, pero no puede hacerlo todo». Sin embargo, a veces las limitaciones generadas por las opciones o las relaciones son innecesarias. La implicación en un ministerio, una cultura, una diócesis o una nación concretos puede acarrear injusticia, no la limitación normal que acompaña a la opción o la relación. Esas injusticias son generadas no por las necesidades de la asociación humana, sino por los intereses adicionales de la dominación.

Hay varios tipos de relaciones injustas. Algunas situaciones de injusticia se dan dentro de la congregación; otras entre la congregación y grupos ajenos a ella; y un tercer tipo tiene lugar en las propias relaciones ministeriales de la congregación. Ningún grupo es capaz de abordar todos estos problemas.

Para las congregaciones es esencial establecer prioridades entre las situaciones de injusticia que deben abordar. Lo que es preciso preguntarse es si una comunidad es parte de las soluciones eficaces a los problemas exteriores a ella. Si prevalece el romanticismo, el grupo no generará esta pregunta. La visión del grupo se limitará a perseguir los intereses personales en la medida en que los miembros no se perjudiquen unos a otros. La responsabilidad respecto de los demás, que es básica para el derecho a existir como congregación en la Iglesia, no parecerá importante. Sin embargo, el realismo en la congregación hace esta dura pregunta: ¿genera nuestro modo de vida una misión eficaz?

Cuando las congregaciones carecen de este realismo, pueden sucumbir a los comportamientos románticos respecto también de sus propios problemas. Pueden dar por descontado su medio ambiente social del mismo modo que las personas pueden ignorar sus responsabilidades respecto de la recuperación de los recursos naturales. Por ejemplo, los religiosos pueden esperar que su congregación, como la naturaleza, simplemente se reabastezca a sí misma. Pueden estar tan ensimismados en sus propios intereses que ignoren la responsabilidad adulta que precisa el mantenimiento de su vida corporativa. Los miembros confían únicamente en el pasado que han compartido o en las relaciones personales del presente, sin abordar las transformaciones y la visión común necesaria para tener un futuro común[10].

El resultado de la negación es visible, en el plano de la naturaleza, en la destrucción de los recursos de nuestro mundo. En el nivel grupal o social, el daño es más sutil. La negación lleva a la erosión de la «ecología social» de la vida grupal. La ecología social es la red de nociones y compromisos morales que ligan a las personas en una comunidad[11].

Cuando los problemas que llevan al colapso de las nociones comunes no se abordan y las nuevas nociones no se hacen explícitas, las personas pierden la fe en los vínculos de confianza que en otro tiempo las mantuvieron unidas. El resultado es el miedo, la apatía o el retraimiento. Estos sentimientos se expresan en el nivel grupal en el anquilosamiento o el rechazo del desafío a ser generativo.

Desarrollar un enfoque generativo

Un grupo adopta una actitud generativa cuando asume la responsabilidad de dirigir su vida y modelar el entorno en que vive. Esto exige un tercer tipo de realis-

---

10. Mary Jo LEDDY, «Beyond the Liberal Model», *op. cit.,* p. 46.
11. Robert BELLAH, *Habits of the Heart,* op. cit., p. 335.

mo: un enfoque generativo. El realismo exige que la congregación centre sus energías. Tiene que establecer prioridades y que buscar respuestas a las situaciones de injusticia.

Una congregación puede emprender esta tarea de dos modos generales. Puede evaluar cómo orienta su carisma la respuesta grupal. Si se adopta esta perspectiva, el enfoque surgirá de la visión de la espiritualidad empleada para responder a las situaciones que se presentan en la Iglesia y en la sociedad. Un grupo puede necesitar poner al día su interpretación de su espiritualidad, lo que es distinto de un estudio histórico del carisma. En tal caso, la congregación emplea el análisis social para interpretar su mundo y después se pregunta el significado de su carisma para responder a ello. Gracias a este nuevo medio puede descubrir el potencial de su carisma para orientar sus decisiones.

Por ejemplo, una congregación cuyo carisma implique una manifestación de la providencia divina puede utilizar esta visión para discernir cómo emplear el limitado personal del que dispone en una iglesia local para atender a los vagabundos sin hogar. En este caso, la actuación de la comunidad tiene determinadas intenciones que la singularizan como grupo[12].

Centrarse en las creencias normativas del grupo que le caracterizan como tal constituye un estudio de su carácter. Del mismo modo que el conocimiento del carácter de un individuo puede proporcionar una idea de cómo se comportará en una situación determinada, el carácter de un grupo puede proporcionar una orientación similar. La comunidad identifica su carácter por las convicciones que quieren que influyan en sus opciones concretas como congregación. Tratan de que ciertos rasgos les caractericen en cualquier actividad

---

12. Una interpretación de este carácter la desarrolla Stanley HAUERWAS en «Toward an Ethics of Character», en (Ronald P. Hamel y Kenneth R. Himes, OFM, eds.) *Introduction to Christian Ethics,* Paulist Press, New York 1989, pp. 151-162.

que emprendan como grupo. Esto proporciona una cierta coherencia y una autocomprensión de la manera en que llevan a cabo su ministerio.

Una congregación puede adoptar también otra perspectiva para establecer un enfoque generativo. Puede establecer periódicamente prioridades corporativas: situaciones de injusticia que constituirán áreas de compromiso corporativo. Este enfoque no se centra tanto en el carácter del carisma de la congregación cuanto en una praxis o acción común orientada a cambiar las situaciones y a los participantes. Del mismo modo que los padres asumen la tarea generativa cuando son adultos criando a sus hijos, una congregación puede avanzar hacia una atmósfera generativa asumiendo deliberadamente tareas y relaciones corporativas como grupo.

Los compromisos corporativos hacen visible la misión de la congregación. Aunque muchos grupos no pueden mantener los compromisos adoptados en el pasado, algunos siguen siendo necesarios. Los compromisos corporativos limitan las opciones y proporcionan un tipo de experiencia común diferente de la generada por los compromisos únicamente institucionales. Sin embargo, los antiguos compromisos institucionales pueden reinterpretarse a la luz de una nueva comprensión del enfoque corporativo. Por ejemplo, una congregación puede tener un centro de segunda enseñanza en un área geográfica objeto de un esfuerzo ministerial. Este ministerio tradicional puede redefinirse como parte de un ministerio mayor que puede incluir la atención cotidiana, el desarrollo comunitario y la asistencia como servicio social.

Los compromisos corporativos seleccionados pueden proporcionar experiencias en torno a las cuales los miembros pueden afianzar e interpretar su ministerio. Actuando juntos y reflexionando sobre esa actuación a la luz del evangelio, el grupo puede intuir más certeramente la identidad de su carisma en su impacto sobre determinado problema o situación.

En lugar de centrarse directamente en el carácter, el enfoque generativo se expresa mediante la misión en una iglesia local. Las prioridades establecidas pueden ser proyectos o actividades comunes que el grupo elige como objetivo. Este tipo de enfoque puede suscitar un compromiso que exija que los miembros contribuyan a la consecución de un proyecto común. Puede proporcionarles una impresión del impacto de su esfuerzo común y de su singular espiritualidad. La experiencia de una acción común da al grupo un nuevo enfoque.

El establecimiento de unos compromisos corporativos permite al grupo abordar una situación ministerial sobre unas bases distintas de las que la propia situación proporciona. En lugar de fundamentar básicamente su respuesta en su percepción de su carácter, la fundamentan en una intención corporativa de manejar la situación de un modo nuevo mediante diversos tipos de acción concreta. Cualquiera de estos dos métodos, o ambos, puede servir para desarrollar un enfoque generativo como parte del realismo necesario hoy en la vida corporativa.

Tres modelos de respuesta generativa

Existen tres tipos generales de situación de injusticia que pueden proporcionar un enfoque al carisma de una congregación. Las prioridades pueden establecerse preguntando qué tipo de situación puede abordarse eficazmente por parte de un grupo. Estos tres tipos son: las necesidades mínimas, las necesidades de mejora y la crítica de la ideología.

Necesidades mínimas

Estas necesidades tienen que ver con la adquisición del *mínimo* necesario para llevar una vida humana. Las personas únicamente pueden cambiar su situación vital cuando las condiciones primarias en cuanto a alimento, vestido, alojamiento y medios adecuados para asegurar el uso y mantenimiento de éstos se hayan visto satisfechas. Negar a alguien este mínimo supone negarle algo esencial para una vida humana básica o para el funcionamiento de su libertad. Una congregación puede adoptar tal enfoque para oponerse a cuanto origine esta carencia de lo necesario y trabajar para crear unas condiciones en las que todos tengan acceso al mínimo necesario para vivir y desarrollarse. Esto puede precisarse aún más en términos de alojamiento, hambre o necesidades médicas. Una congregación puede reexaminar su carisma específicamente en términos de su adecuación para abordar estas limitaciones en el nivel del mínimo necesario para llevar una vida humana.

Necesidades de mejora

Otro tipo de situación de injusticia se da en el nivel de lo necesario para la mejora de la vida humana. La libertad humana no está orientada únicamente hacia la supervivencia, sino también hacia el progreso. Sin embargo, las personas suelen carecer de medios para construir el mundo del futuro[13]. Experimentan un tipo de represión que les niega los medios para la edificación de una cultura: la generación de vida, los medios educativos, la libertad de opinión y de culto, las oportunidades de trabajo y la igualdad entre los sexos, las razas y las naciones. Una congregación puede centrarse tanto en oponerse a los movimientos que bloquean estas interrelaciones como en construir situaciones que las promuevan. Podría preguntarse a sí misma qué mensaje aporta su carisma a la resolución de estas opresiones.

---

13. Denis GOULET, *The Cruel Choice: A New Concept in the Theory of Development,* Atheaneum, New York 1977).

Crítica de la ideología

Un tercer tipo de situación de injusticia es la represión en el nivel ideológico. La ideología es un complejo de valores y pautas de comportamiento comunicados por una sociedad a un individuo y que están predispuestos en favor de los intereses creados en la sociedad[14]. La ideología suele experimentarse como la explicación común en una cultura del porqué de las cosas. La ideología explica por qué son pobres las personas, por qué las mujeres no deben ser altos directivos y por qué es correcto tener escuelas racialmente separadas. La ideología tiene que ser criticada en la medida en que bloquee el cambio social o proporcione buenas excusas para ignorar las necesidades de cuantos se encuentran marginados.

Las congregaciones que adopten como enfoque la cuestión de la ideología invertirán mucha energía en tareas como la educación religiosa, el apoyo a los grupos que sufren la destrucción de su cultura, los problemas de las mujeres y la acción política. Los grupos pueden encontrar nuevos significados en su carisma planteando su adecuación para la transformación de las ideologías actuales, como el patriarcalismo, el materialismo, el nihilismo y el determinismo.

Cuando los grupos adoptan un enfoque generativo, pueden centrarse en uno o varios de estos tipos de situación. Un enfoque de misión general, como participar en el trabajo liberador de Jesucristo en la Iglesia, puede enriquecerse gracias a unos objetivos específicos en estas áreas.

El enfoque generativo es un aspecto del realismo necesario hoy en la vida corporativa, porque proporciona un punto de vista comunitario en cuanto a la satisfacción de las necesidades que están más allá del

---

14. Para un análisis de la ideología, véase Robin GILL (ed.), *Theology and Sociology: A Reader*, Paulist Press, New York 1987, pp. 79ss. y 138ss.

grupo. Traza caminos concretos para que la congregación haga su contribución a la Iglesia y a la sociedad discerniendo lo que no puede ser abordado eficazmente y lo que debe ser cambiado. Puede indicar por qué y cómo subordinarán sus intereses personales a la participación en una red de atención más amplia. No es preciso tomar esta decisión para un período indefinido, sino que puede adoptarse para un tiempo determinado, por ejemplo, de capítulo a capítulo.

Las decisiones tomadas desde una perspectiva generativa pueden contribuir a afirmar la identidad de la congregación a través de una aportación corporativa continua. Los procesos comunitarios implicados en el establecimiento de tal perspectiva pueden lograr que los miembros asuman una actitud más inclusiva que sus meras relaciones interpersonales. El proceso puede involucrar a los miembros en una crítica cultural que reconozca que, aunque no todos los límites sociales son buenos, algunos son necesarios.

6
Señales en el trayecto:
la búsqueda de la sabiduría

No todas las experiencias que han tenido lugar desde la renovación son merecedoras de reflexionar sobre ellas de cara al futuro. Aferrarse al pasado perjudica; centrarse en lo negativo de la vida religiosa anterior al Vaticano II o idealizar el pasado basándose en recuerdos selectivos son experiencias manifiestamente inútiles como fuentes de luz para avanzar.

El tipo de experiencia que puede ser una fuente de orientación para la renovación continua es la que suscita los temas del significado de la vida religiosa en la Iglesia. En otras palabras, las experiencias que llevan a los religiosos a repensar las profundas cuestiones relativas al significado y que les ayudan a corregir las interpretaciones anteriores de su relación con Dios y con los demás son las auténticas señales en el trayecto de la renovación.

Esta etapa del trayecto de la vida religiosa, para cuantos han participado en la renovación desde el concilio, puede en parte caracterizarse como una lucha entre la melancolía y la sabiduría en sus vidas en cuanto congregaciones. Desde el concilio ha habido un montón de cambios, pero también ha habido muchas pérdidas. Sobre muchos de los miembros de las congregaciones pesan la pérdida de las grandes instituciones, la pérdida del sentido de un modo de vida unificado y comúnmente aceptado, la pérdida de los signos de prosperidad de las congregaciones, la pérdida de miembros por fallecimiento y por abandono y la pérdida del esperanzador signo constituido por la afluencia de muchos nuevos miembros para asumir los ministerios. Estas pérdidas pueden fácilmente contribuir a configurar una sensación de melancolía.

La melancolía es distinta del duelo normal que estas pérdidas conllevan. El duelo es un proceso natural mediante el cual la persona acepta la tristeza causada por la separación de sus seres queridos, de los proyectos en los que ha colaborado y de los poderes y habilidades que en el pasado poseía. En el duelo, la persona se aparta gradualmente de los intereses y aportaciones a los proyectos y relaciones perdidos, al menos del modo en que en el pasado se participó en ellos. Simultáneamente, la persona transforma su relación con ellos.

Al mismo tiempo que acepta la pérdida de las personas y las cosas queridas y continúa recordando su presencia, la persona aprende de esas pérdidas una lección acerca de la vida. La vida implica renuncia, pérdida incluso de las dimensiones vitales que en otro tiempo parecían tan esenciales para la vitalidad personal. El duelo ayuda a la persona o al grupo a renunciar y a abrirse en la esperanza al próximo estadio del misterio de la vida como individuo y como congregación.

Por otro lado, en la tradición espiritual la melancolía se ha asociado con el rencor o la ira[1]. Cuando alguien se entrega al sentimiento de melancolía, se niega a aceptar la pérdida de alguien o de algo amado y se llena de resentimiento. La persona quiere vengar su pérdida. Cuando se hace patente la futilidad de sus esfuerzos, su rabia suele volverse hacia el interior o contra aquellos que se asocian con dicha pérdida. La ira camuflada y la hostilidad inconsciente se infiltran en las relaciones. La persona adopta una actitud desesperada con respecto a la vida y renuncia a todo excepto a los deseos más triviales. De hecho, la melancolía es

---

1. GREGORIO MAGNO, *Pastoral Care,* en *The Ancient Christian Writers,* n. 11, Newman Press, New York 1950.

una forma radical de preocupación por uno mismo en la que la persona no sólo abandona la búsqueda de los valores sustanciales, como en la apatía, sino que también afirma que se trata de una búsqueda que nunca ha merecido el esfuerzo que supone.

La melancolía despoja a la persona de la capacidad de mirar su vida personal o congregacional con sentido del orden, el significado y la coherencia, o con un sentido de la totalidad. La capacidad de pensar se debilita, porque se llena de resentimiento. De este modo, la melancolía origina una ceguera mucho más profunda que la ceguera física[2].

El resultado es una persona que ya no puede afirmar, sino únicamente denunciar y repudiar. A diferencia del duelo, la melancolía no es capaz de trascender la pérdida para descubrir un sentido más universal en el que encontrar nuevos modos de amar. Esto incluye una nueva y diferente clase de amor por las personas importantes para uno, por otras generaciones, por nuevos modos de vivir y por uno mismo como una persona «suficientemente buena» que ha afrontado los éxitos y los fracasos de un ciclo vital determinado.

La sabiduría es la cualidad que asiste a los individuos y los grupos en la batalla contra la melancolía. Es la capacidad de ver la vida y los problemas humanos desde la perspectiva del significado de la vida como un todo. Implica una preocupación distante por los problemas humanos. La sabiduría suele asociarse con la virtud de envejecer. Es una perspectiva de la vida que busca soluciones a los problemas humanos no desde el punto de vista egoísta, sino desde el de las preocupaciones últimas. La sabiduría es también una respuesta a la pérdida en la que, en lugar de responder a ésta con el disgusto y el ensimismamiento de la melancolía, trata de encontrar en ella la clave del sentido de la vida que oculta.

---

2. Donald CAPPS, *Deadly Sins and Saving Virtues,* op. cit., pp. 63-70 y 110-116.

La sabiduría persiste en su preocupación por la próxima generación viviendo de un modo que refleja la consolidación de los auténticos significados de la vida. En su rechazo de la melancolía, la sabiduría testifica que la vida es más que rendirse a la tentación de sentirse dejado de lado y olvidado. La sabiduría no es una postura consistente en promulgar edictos sobre el sentido de la vida, sino que es una cualidad del vivir que actúa sobre los significados esenciales de la vida como una práctica cotidiana. Frente a la pérdida o la edad o la transición, la sabiduría se mantiene firme, con un sentido de la paz y la integridad ante lo que realmente importa. En contraste con la postura melancólica consistente en estar enfrentado con uno mismo y con la vida, la sabiduría transmite a la siguiente generación que la fidelidad a un modo de vida con sus pérdidas y sus éxitos es posible e inherente al sentido de la vida.

Descubrir nuestra propia sabiduría

Cuando la Iglesia pidió a las congregaciones religiosas que ahondaran en la experiencia primitiva de su carisma, les estaba pidiendo que aprovechasen su sabiduría colectiva a fin de afrontar las enormes transiciones que tenían ante ellas. Las congregaciones no debían suspirar por los tiempos pasados de instituciones sumamente visibles, grandes cifras y uniformidad de vida, sino que debían profundizar en el sentido de sus vidas y descubrir un centro de integridad que pudiera conducirlas al siguiente estadio de su vida como grupo.

La creación del centro que los religiosos individuales y las congregaciones necesitan para avanzar hacia el futuro se basa en dos creencias generales o principios mantenidos por su tradición compartida. La primera es la afirmación de que el carisma y las tradiciones de las congregaciones en la tradición de la Iglesia no están en bancarrota. Al afirmar este principio, la congregación rechaza la melancolía. La segunda consiste en la creencia de que la historia personal y la historia comunitaria de renovación sólo encuentran su auténtico significado en la historia de Jesús de Nazaret. Ésta es la postura sabia.

Hay algunas verdades de la vida que las gigantescas transiciones que experimentamos hoy no han eliminado. Los religiosos pertenecen a una comunidad de personas que han elegido encontrar su identidad y su sentido en la singular y concreta historia de Jesús de Nazaret. Creen que dentro de esos límites encuentran a Dios. Pueden optar entre las muchas voces que hay en sus vidas, porque en Jesús encuentran el paradigma central que les muestra qué límites pueden llevarlos a la plenitud y el crecimiento. Así afirman el misterio pascual y el enfoque primordial de su compromiso personal y comunitario. Se trata de una postura centrada en la fe y que es un don de la gracia, así como la fuente de su libertad para crear sus vidas y la orientación futura de la vida religiosa.

Incluso la idea de la afirmación de la persona, que ha sido tan central para la renovación de muchas congregaciones, puede clarificarse gracias a esta postura esencial. El avance hacia el futuro, desde una comunidad terapéutica a una transformadora, no tiene por qué significar el abandono del respeto por la persona. Por el contrario, el trayecto de los últimos treinta años puede proporcionar una nueva visión del significado de la persona que la vida religiosa se compromete a abanderar.

La vida religiosa puede tener un centro. Aun cuando la noción de persona que ha surgido desde la renovación ha sido configurada por muchas fuentes y experiencias, puede integrarse en una nueva visión de la vida religiosa. Este centro puede expresarse mediante las creencias acerca de lo que significa ser un ser humano pleno como religioso/a. Y estas creencias pueden constituir señales cuando los religiosos toman opciones para el futuro.

Las creencias no tienen por qué ser meras declaraciones o ideales, sino que tienen el propósito de funcionar, en la configuración de las congregaciones, como signos a lo largo del trayecto. Cuando nuestras creencias se centran en la experiencia y emanan de la síntesis personal y comunitaria, pueden orientar la opción futura[3]. Hay una «sabiduría» necesaria para el próximo estadio del trayecto.

Quizá la sabiduría, en su sentido más profundamente teológico, sea un consenso acerca de lo que en última instancia se cree respecto de la vida y de cómo afectan esas creencias a las opciones en un grupo. Ese consenso puede llevar al grupo a asumir ciertas opciones y a eliminar otras. Esas creencias funcionan como afirmaciones de la sabiduría colectiva para guiar en la toma de decisiones. Como principios, incluyen la sabiduría moral adquirida mediante la experiencia. Veamos algunos principios de la renovación que pueden guiar la toma de decisiones continua como individuos y como congregaciones. Estos mismos principios se analizarán más extensamente en posteriores capítulos de este libro.

Las personas no son espíritus puros, sino individuos con puntos fuertes y débiles, con cuerpos y con almas[4]. Los religiosos han asumido que el desarrollo personal y espiritual no puede llevarse a cabo haciendo abstracción de las historias, las culturas, los potenciales humanos o las debilidades del pasado. Entrar en la vida religiosa no es como pasar el borrador por una pizarra mágica de modo que la sexualidad, los intereses o los puntos fuertes y débiles personales

---

3.   Para un útil análisis del papel de la historia personal y comunitaria en el discernimiento, véase John ENGLISH, *Choosing Life*, Paulist Press, New York 1978.
4.   El uso del término «alma» no es aquí técnico. Se refiere simplemente a la dimensión trascendente de una vida humana encarnada. No tiene que ver con el dualismo alma/cuerpo tan criticado actualmente.

desaparezcan, para que se pueda escribir el desarrollo espiritual renovado[5].

LOS RELIGIOSOS NO HAN DEJADO EL MUNDO. La persona que entra hoy en la vida religiosa no puede pasar a una situación vital al margen de su cultura. La separación del mundo exigida por la interpretación conciliar de la vida religiosa es una sutileza del discernimiento en la vida y está dirigida a la transparencia del testimonio público[6].

LA SANTIDAD PERSONAL CONLLEVA LA CONTEMPLACIÓN EN LA ACCIÓN, EN LA CUAL EL MUNDO ES UNA FUENTE DE REVELACIÓN[7]. El mundo no se ve como una distracción de la vida espiritual, sino como el lugar en el que todos pueden ser oyentes de la Palabra de Dios.

LA REALIZACIÓN DEL RELIGIOSO/A Y DE SU MINISTERIO SUPONE UN CONOCIMIENTO REALISTA DEL MUNDO QUE IMPLICA VALORES HUMANOS Y CONOCIMIENTOS TÉCNICOS[8]. Dicha realización exige que los individuos y los grupos tengan la capacidad de integrar una visión de lo verdaderamente humano con las habilidades necesarias para ser eficaz.

---

5. Para un tratamiento más técnico de este tema, véase Karl RAHNER, *Theological Investigations* I, Helicon, Baltimore 1963, pp. 297-318.
6. Sobre el concepto de separación, véase Sharon HOLLAND, «Religious and Secular Consecration in the Code»: *Seminarium* 23 (octubre-diciembre, 1983) 519-528.
7. Karl RAHNER, «Theology of Freedom», en *Theological Investigations* II, Helicon, Baltimore 1963, pp. 178-196. Para una interpretación feminista de esta interpretación esencial, véase Elizabeth SCHUSSLER FIORENZA, «Feminist Spirituality, Christian Identity and Catholic Vision», en (Carol P. Christ y Judith Plaskow, [eds.]) *Womanspirit Rising,* Harper & Row, New York 1979, p. 146.
8. Juan Luis SEGUNDO, *Faith and Ideologies,* op. cit., pp. 90ss.

LAS PERSONAS PRECISAN ESTAR INMERSAS EN UN TRABAJO QUE TENGA SENTIDO, QUE APORTE ALGO A LA COMUNIDAD Y QUE PROPORCIONE A LOS INDIVIDUOS LA SENSACIÓN DE QUE EXISTE UNA COHERENCIA ENTRE SUS TALENTOS Y EL MINISTERIO. Los religiosos reconocen los beneficios de respetar los talentos individuales en la opción ministerial. Ello no supone egoísmo, sino que es un aspecto del respeto por las personas.

EL MINISTERIO SUPONE MÁS QUE REALIZAR TAREAS, CUMPLIR UNA FUNCIÓN O TAPONAR UN AGUJERO. Freud dice que la capacidad de amar y de trabajar caracteriza a la persona madura. Los teólogos dicen que el *trabajo* procede de la vocación divina a ser humano, que implica salir de uno mismo. En contraste, los *trabajos* son simplemente cosas hechas. Cuando las personas no tienen este profundo sentido del trabajo, pueden darse el consumismo y la adicción en sus muchas formas.

LA LIBERTAD ÚNICAMENTE PROCEDE DE LA REALIZACIÓN DENTRO DE LA COMUNIDAD. Los religiosos saben hoy que la vinculación afectiva o integración de los logros de todos es inherente al significado de la libertad. Para ello es clave el desarrollo de unas relaciones sanas. No se trata sólo de personas con un ministerio, sino también de comunidades.

EL TRABAJO ESTÁ DESTINADO A CONTRIBUIR A LA TRANSFORMACIÓN CONTINUA DE LA CALIDAD DE VIDA DE TODAS LAS PERSONAS, Y ESPECIALMENTE DE LOS POBRES. El trabajo de las congregaciones religiosas debe expandirse y universalizarse continuamente, llegando a las personas que se encuentran al margen de los servicios actuales, a los marginados en cualquier modo y especialmente a los materialmente pobres.

DEBE HABER EXIGENCIA DE RESPONSABILIDADES RESPECTO DEL TIEMPO Y LAS ENERGÍAS, PORQUE LA LLAMADA A SER PERSONAS IMPLICA UN LLAMAMIENTO A SER EFICACES. El carisma de los religiosos en la Iglesia debe vincularse y adaptarse a personas específicas y lugares concretos[9]. Esto llama a la comunidad a la reflexión crítica y al cambio continuos.

LA COMUNIDAD NO ES UNA YUXTAPOSICIÓN DE INDIVIDUOS YA PLENOS. La comunidad no sólo es algo formado por el consentimiento mutuo, sino que es un sistema de reacciones e interrelaciones humanas que forma parte de la condición humana de todos[10]. Reconocemos el hecho de que la comunidad es esencial para la vida en ocasiones gracias a la negativa experiencia del dolor de su ausencia.

LAS PERSONAS NO PUEDEN DESARROLLARSE SIN DESARROLLAR LA COMUNIDAD Y LA SOCIEDAD. Esto contrarresta la creencia popular de que se llega a la libertad como si uno se encerrase en un armario y sólo saliera para interactuar con los demás cuando le pareciera bien. La comunidad no es un grupo de apoyo que se reúne una vez por semana, sino un grupo de vida que forma parte esencial del desarrollo personal.

PARA PROMOVER EL DESARROLLO DE LAS PERSONAS, LAS RELACIONES HUMANAS DESHUMANIZADORAS TIENEN QUE MODIFICARSE MEDIANTE EL CAMBIO EN LAS INSTITUCIONES QUE LAS PERPETÚAN Y ESTRUCTURAN. Los religiosos han descubierto que del mismo modo que deben cambiar las constantes de su personalidad e historia como parte de su desarrollo personal y religioso, también tienen que cambiar las estructuras y los modos de relacionarse.

---

9. Para otros aspectos de este reto, véase John COLEMAN, *An American Strategic Theology,* Paulist Press, New York 1982; Elizabeth SCHUSSLER FIORENZA, «Feminist Theology as a Critical Theology of Liberation», en (Walter Burkhardt [ed.]) *Woman: New Directions,* Paulist Press, New York 1977, pp. 29-50; Carl STARKLOFF, «Ideology and Mission Spirituality»: *Review for Religious* 45/4 (julio-agosto, 1986) 554-566.
10. Juan Luis SEGUNDO, *Grace and the Human Condition,* op. cit., pp. 26 y 37.

UNA TAREA CONTINUA DE SER PERSONA CONSISTE EN EXAMINAR LAS NORMAS EXPLÍCITAS O NO QUE NOS GUÍAN, PARA VER SI SON FECUNDAS PARA LA TOTALIDAD DE LOS VALORES QUE COMPRENDEN NUESTRAS VIDAS. Los religiosos han pasado años examinando sus creencias. ¿Es siempre la más generosa la hermana que lleva el delantal?; ¿es el hermano que está siempre en casa el que más se ocupa de la comunidad?; ¿ha liberado realmente el cambio en las estructuras a los religiosos para el ministerio y para tener un sentido más profundo de la comunidad? Este tipo de cuestionamiento es esencial para la renovación continua.

El «más» que nos llama a avanzar

Las personas aprenden valores observando una imagen mayor que sí mismas. Únicamente ante una visión de la vida mayor que el individuo, se encuentra la dirección y la motivación para aprenderlos. La decisión de las congregaciones religiosas de hacer mayor hincapié en las personas y en la incorporación de todos los medios para aprender esos valores puede parecer fragmentaria si no se relaciona con una visión más profunda. Las pérdidas soportadas durante los últimos años pueden llevar fácilmente a la melancolía si los individuos y las congregaciones no reivindican un sentido de la vida mayor que sí mismos. Mediante los votos, los religiosos han afirmado otra convicción acerca de la persona; convicción que tiene el potencial de abordar el problema de la fragmentación de un modo radical.

La mediación y el camino hacia la sabiduría

NOSOTROS CREEMOS EN LA MEDIACIÓN. Si un religioso/a piensa que podría conocer, amar y servir a Dios mejor sin la comunidad y la Iglesia, no debería haber hecho los votos. De alguna manera, aunque sea vaga, cuando hacemos los votos, afirmamos que nuestra congregación será la mediadora en ese compromiso tan sumamente personal.

Con esos compañeros y en ese modo de vida, nos arriesgamos a establecer un compromiso fundamental con Dios. Cada persona dice, indirectamente, que dentro de esos límites encontrará la plenitud de la vida. Al hacer los votos, los religiosos afirman que la comunidad y la Iglesia constituyen mediaciones estables y permanentes en sus vidas en medio de muchas otras.

La vida personal es una vida mediada. Todas las personas necesitan en sus vidas comunidades de sentido estables que les ayuden a examinar las posibilidades que tienen ante ellas y les integren en un conjunto unificado. Las necesidades de una familia, por ejemplo, constituyen un cauce para las energías y un enfoque de las opciones para muchas personas.

También los religiosos necesitan comunidades de sentido estables, es decir, mediaciones tales como sus congregaciones y la Iglesia, para recibir sus dones y salir de sí mismos a fin de alcanzar posibilidades que por sí solos no verían. La Iglesia y la congregación no pueden asumir la responsabilidad de sus vidas como religiosos, ni tampoco son mediaciones perfectas, porque son concretas y humanas. Sin embargo, sin ellas los religiosos no llegarán nunca a la verdadera libertad ni a la plenitud personal ni serán capaces de evaluar la aportación que supone sus vidas.

Estas creencias no son abstracciones, sino reflejo de la experiencia de muchos religiosos desde la renovación. Como creencias, ponen en cuestión el modelo liberal de vida religiosa. ¿Por qué? Porque centrarse en lo individual sin hacer hincapié en los valores mantenidos en común por el grupo o en la visión compartida no permite canalizar la opción individual. Por eso el modelo liberal por sí solo es incapaz de mantener la vida religiosa como una vocación en la Iglesia. Son nuestras creencias más profundas como religiosos las que apuntan a la necesidad de un nuevo consenso acerca del sentido de nuestra vida como congregaciones religiosas. Y la formación continua de este consenso es parte de la tarea mediadora de todas las comunidades.

TERCERA PARTE

REPENSAR LOS VOTOS

7
Una nueva postura en el camino

Los votos son un símbolo central de la vida religiosa; simbolizan que la vida religiosa es una vocación, es decir, que los individuos que entran en ella no crean los términos y las condiciones de su compromiso enteramente de acuerdo con su propia voluntad[1]. La interpretación de los votos ha cambiado a lo largo de la historia de la Iglesia[2]. Hoy, como en el pasado, redescubrir el significado de los votos es parte esencial de la actividad de repensar los fundamentos de la vida religiosa.

Cuando asumen su tarea, los religiosos se encuentran en la posición de los viajeros que, en una importante encrucijada de su trayecto, sacan el mapa para ver dónde han estado y adónde van. El hecho de que sea necesario hacerlo es un símbolo del movimiento conjunto de la vida religiosa desde el concilio.

Hace treinta años no habría sido necesario el mapa. La mayoría de los religiosos daban por supuesto que ya conocían el camino. En aquella época, el significado de la vida religiosa estaba claramente articulado en un intrincado sistema de reglas y expectativas comunitarias. El desafío no consistía en buscar el sentido de los votos, sino en ser fiel a unos modos prescritos de vida que, con su práctica, promovían el cre-

---

1. James P. HANNIGAN, *Homosexuality: The Test Case For Christian Sexual Ethics*, op. cit., pp. 89 y 106 n. 6.
2. Véase, por ejemplo, el estudio de John LOZANO, *Life as a Parable: Reinterpreting the Religious Life*, Paulist Press, New York 1986.

cimiento. Desde el Concilio Vaticano II, los religiosos tienen el profundo convencimiento de que también ellos tienen que buscar en fe, como todos los cristianos de buena voluntad, para redefinir constantemente el sentido de su postura vital particular en un mundo en cambio.

Esta conciencia por parte de los religiosos –así como el cambio en su autointerpretación– se vio estimulada por un cambio cultural paralelo en la sociedad. Teilhard de Chardin describe a la humanidad como unos viajeros en un barco[3]. Antes de los grandes avances de la ciencia moderna, las preocupaciones de los viajeros se centraban básicamente en las tareas internas. Necesitaban saber lo que hacía avanzar al barco, cómo interactuar en la bodega y cómo organizarse a sí mismos.

Cierto día, sin embargo, alguien subió a la cubierta. Y esa nueva experiencia cambió la conciencia humana respecto del barco. Las personas no sólo comprendieron que podían mantener el barco en marcha, sino que también podían dirigir su curso. Ya no eran observadores pasivos en el mundo, tratando de aprender sus leyes y de vivir en armonía con él, sino que también podían dirigirlo y cambiarlo. Las personas descubrieron que incluso la naturaleza podía ser cambiada por sus propios inventos.

La llamada a una nueva conciencia

En algunos aspectos, la imagen de Teilhard de Chardin caracteriza al movimiento en la vida religiosa desde el concilio. Los religiosos ven hoy los votos con una nueva conciencia. Confían menos en que las minuciosas explicaciones dadas en la Iglesia pre-conciliar agoten su significado. Partiendo de la experiencia de un

---

3.   Pierre TEILHARD DE CHARDIN, *The Phenomenon of Man*, William Collins and Company, London 1959 (trad. cast.: *El fenómeno humano*, Orbis, Barcelona 1985[2]).

papel más activo en la formación de su autodefinición como congregaciones en la Iglesia, se hacen nuevas preguntas. Se sienten responsables de reexaminar no sólo las estructuras y los modos de vivir la vida religiosa, sino también sus símbolos centrales.

Los religiosos comparten con otros adultos contemporáneos su capacidad de reestructurar unos sistemas vitales fundamentales, y lo hacen dentro de unos perímetros que reflejan las verdades esenciales de la vida humana y de la experiencia religiosa. Por ello, junto con esa nueva conciencia surge la responsabilidad recíproca de reconocer los límites de la redefinición. En la vida religiosa hay un núcleo de significado que no es flexible y cuya destrucción significaría no la transformación de dicha forma de vida, sino su muerte.

Desafíos en la interpretación de los votos

El cambio en la conciencia humana expresado por Teilhard de Chardin no se limitó a proporcionar a las personas un sentido de la responsabilidad personal mayor, sino que también les proporcionó un nuevo contexto para pensar acerca de Dios, el mundo y sí mismas. Este nuevo contexto es compartido hoy por los religiosos cuando adoptan nuevas posturas en su renovación.

En orden a que las congregaciones pasen de ser receptoras de una tradición a ser creadoras de una nueva interpretación, deben comprender los valores de la tradición, lo que les proporcionará libertad para transformar sus símbolos. Las congregaciones están llamadas hoy a asumir un papel creativo en este período de transición en la Iglesia. Y la base de esa transformación es el reconocimiento de los avances teológicos y culturales con los que la vida religiosa debe integrarse. En este capítulo exploraremos dichos avances.

Si examinamos la interpretación general de los votos antes del concilio, veremos que se basaban en nociones de la persona, de Dios y del mundo distintas de las subyacentes a la teología del Vaticano II. Los enfoques anteriores hacían hincapié en la vida religiosa como una vocación más excelsa, gracias a la cual la persona dejaba el mundo a fin de vivir su vida de un modo más perfecto.

Antes del concilio, la vida religiosa y la vida cristiana en general compartían ciertas características. Muchos expertos consideran que ese período está marcado por un espíritu minimalista, legalista, extrinsicista y juridicista[4]. El primer desafío para la teología de los votos consiste en trascender los límites de ese marco interpretativo para incorporar sus puntos fuertes y después superar sus limitaciones. El examen de cada una de estas tendencias puede indicar la dirección del movimiento.

El minimalismo ve la práctica de los votos en términos de niveles y requerimientos mínimos. Por ejemplo, el significado del celibato puede verse eclipsado por la noción mínima de abstinencia. Con el Vaticano II, el minimalismo no ha muerto en la vida religiosa, sino que ha adoptado un rostro liberal. Cuando las comunidades hacen simplemente lo mínimo juntas y ven su modo de vida como indistinguible de las tendencias culturales, el minimalismo sigue sano y salvo. De ahí que pasar a una interpretación de los votos que supere el minimalismo siga siendo hoy un problema para la vida religiosa.

El legalismo supone centrarse excesivamente en la ley, lo que reduce la vida consagrada a la letra de la misma. Hace un desmedido hincapié en el cumplimiento minucioso de las costumbres como medida de la fidelidad. En un estilo de vida liberal, el legalismo sigue siendo un motivador. Lo vemos en la tendencia

---

4.   Timothy O'CONNELL, *Principles for a Catholic Morality,* op. cit., cap. 2.

a utilizar el permiso de la autoridad central como legitimación de lo que está bien o mal, sin un escrutinio personal de los valores que están en juego. En una atmósfcra tolerante de una amplia variedad de estilos de vida y de ministerios, este nuevo legalismo puede tener los mismos efectos incapacitadores en el desarrollo moral de los religiosos que tenía el antiguo.

El extrinsicismo es la práctica de juzgar un acto únicamente por la naturaleza del mismo, sin considerar las circunstancias y la intención subyacentes. La conformidad externa, que elimina la discreción personal en la toma de decisiones, tenía un lugar preponderante en la vida anterior al Vaticano II. El extrinsicismo en la comunidad posterior al concilio es más sutil. Se presenta como una adhesión a varias posturas ideológicas que sustituyen al discernimiento serio.

Si alguien dice: soy conservador, soy feminista, estoy a favor de la justicia, pertenezco a una concreta escuela psicológica de pensamiento..., y después se identifica tan intensamente con esa postura que no admite ninguna información nueva, está anquilosado en una postura ideológica. Cuando esto ocurre, el significado de la vida religiosa o de la vida cristiana se ve reducido a un único punto de vista mediante el cual el individuo o el grupo trata de interpretar todos los problemas.

Normalmente, la conformidad ideológica se ve estimulada por la misma adicción a una vinculación afectiva superficial que el viejo extrinsicismo. Los elementos de las expectativas comunitarias, la vida eclesial o la tradición cristiana que no pueden integrarse fácilmente con el único punto de vista predominante son reinterpretados o marginados. El nuevo extrinsicismo resulta atractivo porque responde a la ansiedad generada por el rápido cambio. Transporta a los individuos de la oscuridad de la fe a la falsa luz de un sentido de la comunidad suscitado por la certeza ideológica.

Finalmente, el juridicismo es un énfasis excesivo en el papel de la ley en la vida moral. Reconocemos que el lema: «Guarda la regla, y la regla te guardará» es un principio operativo en muchas congregaciones religiosas. Esto, en sí mismo, puede ser bueno. La excesiva insistencia en la ley, no obstante, puede llevar al descuido de su espíritu. Entonces la ley ya no sirve como la llamada a la conversión inherente a la vida consagrada.

El nuevo juridicismo de la comunidad postconciliar es evidente en el espíritu jurídico que algunos religiosos muestran respecto de las nuevas leyes que han internalizado de la cultura secular, como la ley del individualismo o el profesionalismo o el «ocúpate de lo tuyo y yo de lo mío, y pongámonos de acuerdo en no cuestionarnos mutuamente». Estas leyes son tan rígidas en la vida de la comunidad postconciliar como lo eran las propias de la comunidad preconciliar y sirven al mismo propósito que el juridicismo pre-Vaticano II: permiten una vinculación mecánica que elude la vida compartida implícita en la vida consagrada.

Avances generales en la teología de los votos

Una visión transformada de los votos puede superar esas categorías incorporando alguno de los avances siguientes. Un cambio fundamental en el enfoque de la teología de los votos es el esfuerzo por *superar la escisión entre lo sobrenatural y lo natural*. En el pasado se pensaba que era necesario dejar el mundo, que era natural, en orden a conceder una atención adecuada a las preocupaciones de la vida cristiana, que era sobrenatural. Los religiosos eran alentados a adoptar una vida sobrenatural elevándose sobre las tendencias naturales. El hecho de centrarse en la vida sobrenatural fomentaba una escisión entre lo sobrenatural y lo natural e implicaba que sólo lo sobrenatural era valioso. Además, podía dispensar de abordar los problemas reales de la vida humana[5].

En la vida postconciliar sigue existiendo la escisión entre lo natural y lo sobrenatural. Las congregaciones religiosas pueden fomentar un espíritu de fe que sea simplemente un reflejo de la fe secular, es decir, que no haya ningún factor que la distinga de la vida en la cultura secular. Cuando esto ocurre, la vida religiosa sigue apartada de la existencia en el mundo, no por una separación física, sino por un distanciamiento moral. Los valores religiosos no tienen una influencia significativa en la opción concreta. Cuando las congregaciones luchan por identificarse con su cultura y seguir siendo contraculturales en ella, esta tensión se resuelve.

Otro avance es el cambio consistente en pasar de la insistencia en la fidelidad a los deberes al *sentido de la responsabilidad personal*. La fidelidad en la vida religiosa incluye la adhesión a los deberes, pero implica también mucho más. La mera adhesión a los deberes supone una visión sumamente limitada de la responsabilidad del religioso/a. Hoy vemos la vida consagrada como un proceso mediante el cual un hombre o una mujer se hace plenamente humano y participa creativamente en el mismo desafío a transformar el mundo que los demás adultos. La vida consagrada, como cualquier otra postura vital, incrementa, no disminuye, la responsabilidad.

El énfasis excesivo en los deberes puede continuar en las congregaciones religiosas cuando la vida consagrada se reduce únicamente a la vida de la misión. Nadie quiere vivir en una atmósfera en la que la vida común sólo se experimente como una vida en una función; sin embargo, los religiosos suelen crear esa clase

---

5. La teología de los «dos planos» se analiza extensamente en Gustavo GUTIÉRREZ, *A Theology of Liberation*, Orbis Books, New York 1973 (orig. cast.: *Teología de la liberación*, Sígueme, Salamanca 1972).

de clima. Tal atmósfera comunitaria eclipsa el significado más profundo de la vida religiosa. Un clima de
adicción al trabajo se introduce subrepticiamente en la
vida cotidiana hasta el punto de hacer que las relaciones sufran. El trabajo, aunque parece reflejar un profundo compromiso, puede constituir una vía de escape de la responsabilidad de relacionarse con los demás
de modos que sean positivos. Trabajar es más fácil que
participar en las tensiones y la integridad de las relaciones, porque ello exige sufrimiento y renuncia al yo.

Insistir en la responsabilidad personal, sin embargo, no supone desechar la obediencia como infantil. El
voto de obediencia es hoy un medio para desarrollarse
como adulto. Todos los adultos apelan a la autoridad,
obedecen a la autoridad y son la autoridad en algún
momento. Las estructuras de obediencia en la comunidad religiosa, como el discernimiento comunitario,
los procesos congregacionales y los roles con autoridad, llaman a los religiosos tanto a obedecer a la autoridad como a participar en ella. Ambas respuestas al
voto de obediencia requieren un sentido de la responsabilidad personal del que se ha de responder ante los
demás y ante unos valores que están más allá de uno
mismo.

La responsabilidad personal se caracteriza hoy por
la capacidad de escuchar a Dios, a los demás y la realidad cuando entran en nuestra vida. Dado que sus frutos consisten en una mayor capacidad de amar, este
tipo de responsabilidad personal es la base de la vida
consagrada. Los religiosos pueden continuar interpre-
tando hoy el voto de obediencia dentro de un marco
adulto asumiendo la responsabilidad respecto de sus
vidas y de sus congregaciones.

Un cuarto avance de la teología de los votos es el
reconocimiento de la *llamada universal de todos los
cristianos a la santidad.* El discipulado, la conversión
y la relación con Dios fundamentada en la alianza no
sólo son aplicables a la vida religiosa, sino a las vidas
de todos los cristianos. Los religiosos viven el co-dis-

cipulado con los demás, no una relación de superioridad respecto a ellos.

Los religiosos pueden seguir teniendo un aire de superioridad si parten de la base de que están eximidos de la vida compartida por todos los miembros de la Iglesia. La fidelidad a la Iglesia peregrina requiere hoy un cierto sufrimiento. Las personas casadas se debaten con sus decisiones personales en medio de la controversia respecto del control de la natalidad. Las personas solteras trabajan en unas estructuras parroquiales que siguen minusvalorando su entidad en la comunidad. Y el clero se debate con el cambio en sus roles y expectativas.

Cuando los religiosos ven sus problemas con las estructuras eclesiales como preocupaciones compartidas también por otras personas, responden a ellos con mayor eficacia. Pueden criticar a la Iglesia, pero también colaborar, dialogar y vivir con algunas de las imperfecciones que todos los miembros de la Iglesia deben soportar. Cuando obran así, están en mejor posición para dar y recibir apoyo de otros miembros de la comunidad eclesial.

La llamada de todos los cristianos a la santidad, sin embargo, se vive dentro de vocaciones distintas. Todas las vocaciones tienen un modo de vida que es socialmente reconocido y públicamente entendido[6]. Los religiosos necesitan reinterpretar el significado de sus votos, con la misma seriedad concedida a las otras vocaciones, como una opción que limita otras opciones. Definir los límites y las oportunidades de la vida religiosa permite que la próxima generación comprenda mejor la vida consagrada y opte por ella.

Un quinto avance efectuado por la teología de los votos es la *nueva interpretación de la persona*. En el pasado definíamos a la persona mediante las interpretaciones filosóficas medievales. La persona poseía in-

6.   James P. HANNIGAN, *Homosexuality: The Test Case For Christian Sexual Ethics,* op. cit., p. 106, n. 6.

teligencia y libre voluntad. Este enfoque era útil para
precisar las cualidades perdurables de la vida humana,
pero decía poco acerca del sentido de la vida o de su
infinita variedad. Por ejemplo, ¿hasta qué punto «ani-
mal racional» describe a un amigo íntimo?

Hoy, las interpretaciones de la persona insisten en
la individualidad humana. La nueva teología hace hincapié en que las personas son únicas, y sus acciones
son específicas, individuales y significativas dentro de
un cierto tiempo y espacio. Esta interpretación tanto
de la persona como de la motivación humana permite
una interpretación de los votos más pluralista. Aunque
los votos conservan un núcleo de significado, la nueva
interpretación de la persona afirma que los religiosos
expresan su compromiso de maneras diferentes de
acuerdo con su maduración y sus ciclos vitales. La
nueva teología sostiene también la idea de que las personas expresan su fe de acuerdo con su cultura. Las
congregaciones son hoy más conscientes de que las
culturas difieren en su expresión de los votos, y ninguna cultura posee una teología de los votos que agote
su significado.

Si consideramos la personalidad humana con su-
perficialidad, puede suscitarse un nuevo conjunto de
problemas. Por ejemplo, los religiosos pueden discul-
par su comportamiento en comunidad por el perfil de
su personalidad. Las comunidades pueden limitar su
programa formativo a unas explicaciones terapéuticas
autointerpretativas, proporcionando a sus miembros
una fundamentación teológica débil. En lugar de ignorar la individualidad –que antes era un obstáculo–,
estos comportamientos propugnan una individualidad
hasta el extremo. Tal enfoque socava la conciencia de
las cualidades y necesidades comunes que todas las
personas comparten y, subsecuentemente, debilita la
base de la vida comunitaria.

En un sexto avance, los votos se ven hoy no como
un mero medio para que el individuo se santifique,
sino como una *aportación a la Iglesia y al mundo*. Los

votos llaman a la persona a servir al mundo y a contribuir a la renovación de la Iglesia. Probablemente no haya otro elemento más clave para la reinterpretación de los votos que su relación con la transformación de la Iglesia y de la sociedad. El compromiso religioso, que está profundamente entrelazado con estas relaciones, se explorará con mayor detenimiento en los capítulos siguientes.

Resumen

Ninguno de estos avances basta por sí solo para repensar la fundamentación de los votos; sin embargo, ilustran los cambios fundamentales en teología que afectan a su reinterpretación. Veremos que los votos son una praxis[7], una postura a partir de la cual los religiosos actúan y que lleva a su vez a una nueva interpretación de su relación con Dios, con los demás y con el mundo. En este modelo de vida basado en la reflexión-acción-reflexión se conoce a Jesús siguiéndole en un mundo que, como el suyo, necesita curación y liberación.

---

7. Para una buena descripción de la praxis en el seguimiento de Jesús, véase Jon Sobrino, *Christology at the Crossroads*, Orbis Books, New York 1978 (orig. cast.: *Cristología desde América Latina*, México 1977²).

8
Examen del fundamento de nuestras raíces

Aunque en los últimos veinticinco años las congregaciones religiosas se han orientado hacia el mundo, no han examinado exhaustivamente las cuestiones teológicas que influyen en sus actos. Las teologías existencialista, de la liberación, feminista y de la creación se cuentan entre algunas de las teologías que han ofrecido a los religiosos herramientas para su autocomprensión. Y las congregaciones han empleado estas teologías para ampliar su autocomprensión teológica y para buscar un apoyo religioso a la nueva acción ministerial.

Aunque los religiosos han encontrado varios movimientos teológicos que les sirven de lentes correctores de la renovación, estas nuevas teologías son críticas de la corriente teológica principal, no teologías totales. Cada una proporciona una visión parcial de la vida cristiana y no intenta abordar todos los aspectos del misterio cristiano. Por ejemplo, la teología de la liberación insiste en las relaciones Iglesia-mundo, pero tiene menos que decir acerca de los sacramentos. La teología, al mismo tiempo que ha ampliado la visión de los religiosos, también ha dado lugar a un pluralismo teológico. No ha habido ni tiempo ni voluntad política de integrar estas nuevas interpretaciones teológicas en una teología total de la vida religiosa.

La creación de una teología de las congregaciones no es la respuesta a este problema. Sin embargo, los religiosos deben examinar los problemas teológicos que influyen en sus decisiones. Aunque no se necesita una teología uniforme, una visión compartida de la vida cristiana sí es clave en este tiempo de renovación.

Los miembros de una congregación pueden unirse para alcanzar un objetivo común por diferentes razones. Sin embargo, un grupo no puede establecer objetivos eficaces cuando las interpretaciones de las relaciones entre Dios, uno mismo, los demás y el mundo son contradictorias. Las conversaciones acerca de los puntos de vista teológicos deben entrar en el proceso de toma de decisiones, a fin de que se pueda obtener una mejor comprensión de la influencia de las creencias de los miembros en la orientación de la congregación y en su interpretación de los votos.

Sin embargo, hay un creciente desfase entre la experiencia de los religiosos y las palabras y símbolos utilizados para expresar los votos. La exposición a diferentes estilos de vida, ideologías y sistemas de valores ha llevado a los religiosos a cambiar su pensamiento acerca del mundo y de ellos mismos y, en consecuencia, también acerca de los votos. Cuando los votos siguen ligados a una visión del mundo que ya no refleja la experiencia de los religiosos, algunos pueden tener la sensación de que han perdido validez.

Otra solución a este dilema consiste en reconocer que los símbolos de los votos tienen que transformarse para ser comprendidos hoy. La conciencia de la autonomía personal y el sentido de la responsabilidad respecto del mundo son centrales para la experiencia moderna. Esto significa que los votos deben verse orientados al desarrollo humano e implicados en la construcción de una vida que tenga sentido, y no sólo para el individuo, sino también para la comunidad y la sociedad.

Para llevar a cabo esta reinterpretación es necesario examinar las cuestiones teológicas más profundas que fundamentan la vida religiosa. Como esta tarea requiere la reflexión de muchas personas, yo propongo tres áreas de la teología que influyen en los votos: nuestra interpretación de Dios, de la persona y del mundo.

Dios

Algunas personas se preguntan si la vida religiosa tiene sentido en el mundo actual. En un momento en que las congregaciones religiosas han abandonado muchos compromisos institucionales, ¿qué sentido tiene la vida religiosa en la Iglesia y en la sociedad? La respuesta a esta pregunta está conectada con el sentido que nosotros consideramos que tiene Dios en nuestro mundo en rápido cambio.

Los hombres y las mujeres interpretan hoy a Dios de manera distinta, porque también tienen una experiencia distinta de la vida. Su visión de Dios afecta, a su vez, a la interpretación de los votos. No analizaremos aquí si Dios es masculino o femenino. Pero la presencia de este debate en nuestro entorno es una indicación de que pretendemos entender a Dios en una cultura que ha cambiado[1]. La experiencia y la teología son cíclicas en la interpretación de los votos. Los cambios en la experiencia vital afectan a las maneras de percibir a Dios, y las maneras de percibir a Dios influyen, a su vez, en la interpretación de la vida religiosa. Permítaseme poner unos cuantos ejemplos.

Antes de que las personas alcanzasen un mayor control de la naturaleza a través de la ciencia, preten-

---

1. Algunos estudios recientes de las imágenes feministas de Dios son los siguientes: Anne CARR, *Transforming Grace: Christian Tradition and Women's Experience,* Harper & Row, San Francisco 1988; Sandra SCHNEIDERS, *Woman and the World: The Gender of God in the New Testament and the Spirituality of Women,* Paulist Press, New York 1986; Sallie McFAGUE, *Models of God: Theology for an Ecological, Nuclear Age,* Fortress, Philadelphia 1987 (trad. cast.: *Modelos de Dios: teología para una era ecológica y nuclear,* Sal Terrae, Santander 1994).

dían que Dios les proporcionase una respuesta a lo inexplicable de la naturaleza[2]. Dios era el iniciador de toda vida. Observando los procesos causa-efecto en el mundo, las personas trataban de conocer a Dios. Para la persona actual, que experimenta el poder de cambiar el mundo, esta postura pasiva no es su camino principal hacia Dios. A Dios se le encuentra más fácilmente en la experiencia de la iniciativa y la acción creativas.

En la teología medieval se hablaba de Dios como de un acto perfecto. Dios era quien llevaba toda potencialidad a su plenitud, y en él no había nada que pudiera evolucionar. El efecto de esta teología sobre la vida cristiana y sobre los votos ha sido evidente durante siglos. Las personas hablaban de su esfuerzo moral como de una realización de acciones perfectas, porque obraban en imitación de un Dios que era un acto perfecto. Las nociones de acto de contrición perfecto y de actuar con caridad perfecta proceden de esa teología. En general, los religiosos ya no conciben a Dios en esos términos escolásticos. Raramente se piensa en Dios como inmutable, inalterable e infinito, sino que se prefiere su imagen bíblica: Dios es alguien que se hizo humano, sufrió y murió, y que vive, no al margen de las personas, sino en profunda relación con ellas.

Hoy las personas ya no pretenden de Dios una respuesta a lo inexplicable de la naturaleza, como sus hermanos y hermanas en la fe medievales. Sin embargo, miran a Dios buscando respuesta al misterio en sus vidas. La experiencia moderna del misterio suscita, sin embargo, una cuestión diferente: ¿tiene sentido la vida?

---

2. Lo que sigue es un reflejo de los debates contemporáneos acerca de la experiencia de Dios. Véase, por ejemplo: Juan Luis SEGUNDO, *Our Idea of God,* Orbis Books, New York 1973; Leo J. O'DONOVAN (ed.), *A World of Grace: An Introduction to the Themes and Foundations of Karl Rahner's Theology,* Seabury Press, New York 1980.

Las personas cuestionan el sentido de la vida y del universo. Dios ya no es la respuesta al «cómo» de los procesos naturales, sino al sentido de la vida. No es que los seres humanos ya no necesiten a Dios por haber avanzado tecnológicamente, sino que la cuestión es *cómo* le necesitan.

Dios sigue ordenando el mundo, incluso en la era tecnológica, proporcionándole sentido. Sin embargo, la persona contemporánea cuestiona la existencia de Dios de manera distinta que los creyentes de siglos pasados. Este cambio en el enfoque de la existencia de Dios fundamenta hoy el sentido de la vida religiosa, al mismo tiempo que supone un reto para la misma.

Para la persona contemporánea sería incomprensible que no hubiera Dios por las consecuencias de su ausencia. Sin Dios, toda esperanza de victoria sobre la muerte, la desesperación y la desesperanza en la vida sería imposible. La limitación humana lo aprisionaría todo en la vida humana.

Sin Dios, las personas que crean sentido, orden y dirección en este mundo estarían destinadas a experimentar una destrucción constante. Negar la existencia de Dios significa que la inversión humana no tiene la contrapartida de un socio divino y actúa sólo con el poder de los límites humanos. La pregunta: «¿merece el amor tanto esfuerzo?» nunca podría responderse con seguridad. Los esfuerzos humanos por transformar el mundo mediante el amor serían sistemáticamente baldíos en la misma medida en que trataran de transformar la realidad.

Las congregaciones religiosas tienen como propósito primario dar testimonio del sentido que la existencia de Dios proporciona a la vida. Éste es el fundamento de la vida religiosa. Sin embargo, para que este testimonio sea entendido tiene que incluir los problemas vitales que hacen que las personas pierdan el sentido del significado de la vida. Éste es el desafío que nuestra época plantea a la vida religiosa.

Hoy, la atmósfera de nihilismo, determinismo y materialismo aplasta la creencia religiosa. Cada una de estas actitudes está institucionalizada en la cultura contemporánea y ofrece una explicación de la vida al margen de Dios. Las congregaciones religiosas pueden poner en cuestión estas voces negativas –«no existe sentido», «no tenemos opciones» y «lo único valioso en la vida son las posesiones materiales»– mediante la calidad de su testimonio.

¿Puede la castidad de los religiosos, mediante la vinculación afectiva no posesiva, afirmar que el amor merece tanto esfuerzo en un mundo que teme que nada tenga sentido? ¿Puede su obediencia testimoniar que vivir dentro de los perímetros de una comunidad mayor puede liberar para amar? ¿Puede la pobreza coherente dar testimonio de que la vida supone más que la acumulación material? ¿Puede su renuncia ser transformada en acción política para la liberación de los demás de la pobreza forzosa? El cambio en nuestra comprensión de Dios debería afectar a nuestra interpretación de los votos, porque los religiosos hablan del Dios que existe para ellos cuando los viven. El sentido de Dios y el sentido de los votos están indeleblemente entrelazados.

La persona

Otro cambio teológico que afecta a nuestra interpretación de los votos se centra en la persona. Hemos insistido en que la persona es la que proporciona una dirección a su vida y al mundo. La teología describe hoy la libertad para ser humano como una «libertad de» y una «libertad para». Esta idea establece una nueva base sobre la que puede construirse una interpretación de los votos.

La «libertad de» es el poder que hay en las personas de tener una cierta libertad respecto de sí mismas y un dominio sobre su mundo. Las personas toman la iniciativa a pesar de las fuerzas condicionantes que hay en sus vidas. Aprenden que tienen la capacidad, aunque limitada por muchas restricciones, de prescindir de éstas y optar.

Sin embargo, la libertad por sí misma no es suficiente. Nuestras vidas deben tener una dirección y un propósito. La libertad humana implica otra capacidad: la «libertad para». Cuando constituimos un sistema de valores, buscamos sentido, planificamos nuestra vida y actuamos por amor, expresamos nuestra libertad como «libertad para». Este aspecto más positivo de la libertad no es algo que se desarrolla una vez que superamos las fuerzas negativas en la lucha de la «libertad de», sino que, como dimensión creativa de la libertad, se desarrolla junto a nuestros esfuerzos de autodisciplina y nos proporciona un sentido del propósito.

La vida religiosa del pasado se centraba intensamente en las luchas de la «libertad de». Los votos ayudaban a la persona a obtener un dominio sobre los instintos naturales y a vivir en un nivel sobrenatural. Las limitaciones que había que superar, sin embargo, eran fundamentalmente internas. Se insistía en la renuncia. Renunciábamos al matrimonio, al dinero y al control sobre nuestras decisiones personales, en orden a consagrar nuestras vidas a Dios.

Una determinada idea de la «libertad de» y, subsecuentemente, un concepto de la persona, desempeñaban un papel clave en la interpretación de los votos. Hacíamos hincapié en cómo unos actos específicos, ya fuera la puntualidad, la cortesía o la meticulosidad, nos ayudaban a superar la tendencia opuesta en nosotros y a cumplir los votos. La fidelidad estaba caracterizada por las acciones lícitas, no por las ilícitas, y ambos tipos de acciones podían definirse claramente. En la vida religiosa, así como en la moral cristiana, las acciones apropiadas se caracterizaban por su capacidad de expresar los objetivos positivos de la personalidad humana, en contraste con sus dimensiones negativas. Por ejemplo, los actos de obediencia ayudaban a alejar la voluntad del egoísmo para orientarla hacia su objetivo, que era la unión con la voluntad de Dios. Incluso las acciones más nimias podían interpretarse dentro de este marco.

La vida religiosa actual recurre en exceso al concepto de «libertad para». Insistimos en cómo nuestras acciones expresan de modo práctico la orientación interna de nuestros corazones. Hoy, los religiosos confían menos en que un comportamiento preciso pueda definir el significado de los votos. La fidelidad implica relaciones responsables, no mero cumplimiento de unas reglas. Una vivencia holística de los votos significa que tenemos en cuenta las intenciones que motivan la acción y las circunstancias en que vivimos a la hora de decidir el comportamiento apropiado. La responsabilidad sigue basándose en la escuela de amor encontrada en la Ley. Sin embargo, la fidelidad suele ir más allá de esa Ley para responder a la vocación de más amplias miras a vivir en relación con Dios, con los demás, con uno mismo y con el mundo de modos nuevos.

Las preocupaciones de la «libertad de» siguen siendo sumamente necesarias para la interpretación contemporánea de los votos; sin embargo, la autodisciplina es «para algo» o está orientada hacia la «libertad para». Los votos llaman a más que una mera perfección personal sin conexión con el mundo ni con el desarrollo de la comunidad. Por el contrario, los votos abren el camino a la madurez responsable en la propia congregación, en la Iglesia y en la sociedad.

Prestar atención a estos cambios teológicos puede ayudarnos a rearticular el modo en que los votos de pobreza, castidad y obediencia respaldan una experiencia religiosa que tiene siempre lugar en la comunidad de fe. Al valorar la vida religiosa, la comunidad eclesial confirma que la llamada a responder a Dios

puede ser tan profunda que reoriente las estructuras
fundamentales de la expresión sexual, la relación con
las cosas materiales y la capacidad de tomar decisiones. Sin embargo, vivir en nuestro mundo hoy estimu-
la nuevas formas de experiencia y expresión religiosa
de estas actitudes fundamentales. En este capítulo
hemos perfilado algunos de los nuevos problemas teológicos que afrontamos hoy a la hora de re-expresar
los votos.

9
Los fundamentos cambiantes de la conciencia del mundo

La conciencia del mundo es hoy cada vez mayor. Incluso el mundo de los negocios anima a las personas a tener una perspectiva de dimensión mundial. Sin embargo, la actitud hacia el mundo del hombre o la mujer media ha cambiado, y no sólo en el aspecto de convertirse en consumidores globales. El impresionante cambio en la manera de ver el mundo influye en la vida cotidiana. Esta nueva comprensión del mundo procede de diversas fuentes: una experiencia diferente del mundo, una nueva espiritualidad y una relación distinta con la creación. En este capítulo nos preguntaremos cómo influyen estos cambios en la interpretación de los votos.

En la Edad Media, el mundo se interpretaba de manera rígida. Todos los aspectos de la vida estaban controlados por las leyes de la naturaleza. Era importante conformarse al orden del mundo y adaptarse a las normas de la sociedad. Dada la escasa movilidad social, el siervo no aspiraba a ser noble, y nadie pensaba en transformar las relaciones sociales. Esta visión del mundo tenía su propio horizonte soteriológico o salvífico. El mundo no cambiaba, y la voluntad de Dios se expresaba a través de un plan inmutable en el núcleo de la realidad. En consecuencia, la persona era fiel a Dios intentando conocer ese plan y siguiéndolo.

Hoy, la experiencia cambia de manera normal, y la fidelidad se ve de manera muy diferente. No es habitual que una persona permanezca en el mismo trabajo

toda su vida ni que una familia entera viva en la misma
localidad años y años. La vida está llena de nuevos
problemas sin respuesta. Las generaciones anteriores
no utilizaban mecanismos para el mantenimiento arti-
ficial de la vida ni se cuestionaban la moralidad de los
trasplantes de órganos. No tenían que afrontar el hecho de que el hambre en África conllevará generaciones mentalmente retrasadas ni tampoco que la destrucción nuclear puede acabar con la vida humana. La
fidelidad a la voluntad de Dios implica hoy mucho
más que la atención a un plan rígido, pues supone buscar respuestas a nuevas preguntas.

Desde la Ilustración, la experiencia del mundo ha
pasado de un mundo que era estático a otro que cambia. Sin embargo, para las órdenes religiosas, hasta el
Concilio Vaticano II el mundo era estable. Aunque muchas congregaciones habían participado en la evangelización del Nuevo Mundo y compartido sus penalida-
des, no compartían su espíritu. La vida religiosa existía en una Iglesia que temía la modernidad[1]. Las congregaciones religiosas, sometidas a una estructura ca-
nónica que ponía el acento en un enfoque monástico
de la vida comunitaria, mantenían la atmósfera estática de la sociedad medieval, aunque a su alrededor el
mundo cambiaba.

Hoy, sin embargo, los religiosos comparten muchas de las vicisitudes que conlleva el cambio a las
que también otras personas hacen frente en la sociedad: desempleo, estructuras familiares inestables, gran
movilidad, preocupaciones económicas y estrés. El
cambio en la experiencia del mundo influye en el
modo en que los religiosos experimentan el impacto
de los votos en la vida cotidiana. Aunque los valores
que los votos propugnan permanecen inmutables, su

---

1.   Roger AUBERT, «Modernism», en (Karl Rahner [ed.])
     Encyclopedia of Theology, Seabury Press, New York 1975,
     pp. 969-974.

significado en la vida de los religiosos está marcado por un nuevo contexto mundial. Por ejemplo, la vida religiosa ya no ofrece la seguridad que en otro tiempo prometía, ni los religiosos son personas que tienen respuesta a los problemas vitales, como figuras de autoridad en un mundo estático. De hecho, lo que ocurre es justamente lo contrario.

En nuestro tiempo, la inseguridad es parte del contexto de la vivencia de los votos. Gran parte de la presión sobre el ministerio religioso procede de la expectativa externa de que posea respuestas en muchos campos. Algunos religiosos necesitan, para realizar su ministerio, poseer un conocimiento operativo de la situación económica general, de la dinámica de grupos, de los problemas políticos nacionales e internacionales y de la evolución en teología y en psicología. En medio de estas múltiples expectativas, tienen que sobrellevar el hecho de que la mayor parte de esos problemas están abiertos al cuestionamiento. Esta situación del ministerio puede dar a la vida religiosa y al sacerdocio unas perspectivas bastante inquietantes. En contraste con las anteriores expectativas vocacionales de *status* y seguridad, la vida religiosa actual puede presentar desafíos que parecen imposibles de aceptar.

Vivir los votos hoy supone comprometerse a adaptarse a las nuevas circunstancias y estar dispuesto a aprender en un estado de vida que está él mismo en transición. Los religiosos acceden a un bautismo de pérdida de autoridad, en orden a tener relaciones entre adultos en la Iglesia. Ni son siempre los responsables ni el compromiso religioso les proporciona *status*. Dado que en algunos círculos a los votos no se les ve sentido, los religiosos tienen ante sí el desafío de comunicarse con personas que tienen interpretaciones de la vida muy diferentes, sin perder su sentido de la identidad. Todos estos cambios liberan a los religiosos, como codiscípulos junto a otros, para adquirir una nueva interpretación de los votos y un nuevo sentido del significado de su vocación, no basado en el mundo del pasado, sino en un sentido de la responsabilidad compasivo y adulto en el mundo actual.

En lugar de conllevar una vida superior que los distingue, el compromiso de los votos pone a los religiosos ante las heridas de una sociedad en cambio. La opción de los votos sigue llamando a los religiosos a distinguirse, pero de un modo nuevo. Frente al cambio social, no optan por lo mismo que algunas personas en las sociedades del Primer Mundo. No pueden retirarse a un confortable refugio de realización personal y ser creíbles. Los religiosos deben adentrarse en las aguas de la Iglesia local y global y, mediante ese bautismo, revelar al mundo la naturaleza profética de sus votos[2].

La espiritualidad del mundo

El cambio del mundo se refleja también en el cambio en la espiritualidad del mundo. En el pasado, los cristianos veían el mundo como un lugar del que huir. Los religiosos hablaban de entrar y salir del mundo, como si la sociedad pudiera abrirse y cerrarse como un grifo. Hoy no hay escape del mundo ni en la vida cristiana *ni* en la vida religiosa. Los novicios ya no son preparados con una formación ajena a su cultura y después enviados al mundo, sino que la interacción con la sociedad es un factor constante en cualquier proceso formativo. El trabajo, la vida personal y la vida comunitaria se realizan a través de las múltiples presiones de un mundo muy concreto y en relación con ellas.

La conciencia crítica de la vida consagrada, simbolizada por el apartamiento del mundo, se interpreta hoy de manera distinta. En el pasado, el apartamiento de los religiosos expresaba que la vocación religiosa tenía un origen trascendente, lo que daba a los religio-

---

2. William McConville, «Local Theologies in a World Church: Aloysius Pieris and the Epiphany of Asian Christianity»: *New Theology Review* 1/3 (agosto 1988) 82.

sos una nueva perspectiva de la totalidad de la vida. Hoy, los religiosos luchan por expresar esa relación con Dios –o el sentido de lo trascendente– dentro del mundo.

Las congregaciones hoy sólo pueden dar testimonio de su fundamento religioso en un mundo secular. El religioso/a individual, en una cultura secularizada, se debate entre ser parte de la sociedad y mantener una postura crítica respecto de ella. Las congregaciones se cuestionan su impacto público. Las comunidades tienen que expresar su conciencia crítica de modos concretos, para comunicar su fundamento religioso en un mundo secular. Los religiosos deben ser capaces de mostrar en su vida personal y congregacional algo que no se limite simplemente a ser una legitimación religiosa de los valores de la sociedad en la que viven[3].

Los votos implican hoy ordenar las prioridades para vivir en sociedad. Como un camino por el que los religiosos acceden a la sociedad, no a la marginación de la misma, los votos son más un «modo de proceder» que un «medio de perfección». Aunque pocos religiosos expresarían su experiencia de los votos con afirmaciones como éstas: «Ahora practicaré la pobreza» o «Ahora recurriré a mi voto de castidad», los votos proporcionan orientación a las opciones. Con frecuencia, los religiosos descubren la naturaleza de los votos cuando los confrontan con las relaciones sociales y las decisiones usuales. Los votos son un misterio, pero también poseen una materialidad. Configuran, consciente o inconscientemente, las opciones categóricas o concretas que el religioso/a hace, comparadas con las de otras personas que tienen distintas posturas vitales[4].

---

3. James E. CONE, *Speaking the Truth: Ecumenism, Liberation and Black Theology,* William B. Eerdmans, Grand Rapids, Mich., 1986, p. 118.
4. Elizabeth JOHNSON explica la dinámica aquí implícita en su análisis de la conciencia de Jesús en *Consider Jesus,* op. cit., pp. 39ss. Se inspira en la teología de Karl Rahner para estudiar

Como todas las opciones categóricas, los votos limitan y centran nuestras vidas. Excluyen ciertas opciones que para otros son legítimas e influyen en decisiones que para otros serían innecesarias. La fidelidad a los votos lleva al religioso/a, a través de un proceso de autodescubrimiento y conversión, a un modo distinto de ser cristiano. Cuando los votos no limitan o centran la opción, porque el religioso/a no los ha integrado con su experiencia social, entonces la pertinencia de los votos se ve puesta en cuestión, y funcionalmente puede parecer que ya no existen.

A los religiosos les resulta hoy difícil definir la singularidad de su forma de cristianismo adulto. Sin embargo, es importante recordar que las opciones acerca de cómo expresar el amor, compartir los bienes y tomar decisiones siguen caracterizándolos[5]. El amor que tiene entidad –ya se trate del amor de la amistad, del matrimonial o del amor a Dios–, posee también una dimensión negativa. Es decir, que en orden a que la esencia de una actitud vital sea comprendida, ha de conocerse lo que es incoherente con ella[6]. Aunque los

---

cómo se conocen a sí mismos los seres humanos. Todas las personas tienen una intuición de quiénes son. No se trata de una noción clara, sino de una autoconciencia general inconsciente o pre-temática. Sin embargo, mediante la acción y la experiencia, se llega a un autoconocimiento más específico. En la vida hay diferentes experiencias que contribuyen a lograr un autoconocimiento más preciso. La vida consagrada, en esta interpretación, es un marco que colabora en este proceso. Los votos son una opción categórica; una opción que elimina otras opciones. A través de las opciones cotidianas que los votos inspiran, éstos ayudan a traducir una idea del yo general e intuitiva en otra más concreta. Merced a este proceso, la vocación llega a entenderse en ambos niveles de autocomprensión y se experimenta cómo van encajando el marco vocacional y el yo interno gracias a las opciones implícitas en dicho marco.

5.   Para la evolución de una vocación religiosa como una opción categórica o limitadora en términos de celibato, véase Mary Anne HUDDLESTON, IHM (ed.), *Celibate Love: Encounter in Tree Dimensions,* Paulist Press, New York 1984.

6.   Para una crítica de una visión del amor que no tiene límites negativos, véase Richard A. McCORMICK, *Notes on Moral*

religiosos son conscientes de que muchas cosas que en el pasado se consideraron incoherentes con los votos en realidad son legítimas, siguen teniendo ante sí el desafío de identificar lo que hoy sigue siendo incoherente con la vida consagrada.

Los religiosos suelen experimentar el significado de los votos a través de la lucha con este desafío de la autenticidad y la coherencia. ¿Por qué no me acuesto con esta persona a la que amo?; ¿por qué no puedo decidir en este asunto sin consultar a mi comunidad?; ¿por qué no acepto este otro puesto, más prestigioso, y dejo que esta comunidad eclesial se defienda por sí misma?; ¿por qué debo superar los cómodos límites de mis amistades y ocuparme de las preocupaciones del mundo entero?

En contraste con los días en que cada detalle de la vida consagrada se expresaba en normas de comportamiento, hoy los votos son una praxis; son un modo de percibir, actuar y tomar decisiones. Para los religiosos, no es el mero conocimiento de los votos, sino su vivencia, lo que pone de manifiesto su contenido. Como camino, los votos son revelación en su sentido bíblico más profundo[7]. Cuando los religiosos moldean sus decisiones personales para que sean coherentes con sus votos, se revela el aspecto más profundo de sus vidas: su compromiso con Dios. Los votos *tienen* contenido. Cuando se traspasan sus límites, ya no puede encontrarse el significado del misterio que ocultan[8].

La paradoja de los votos consiste en que se entienden a la manera de una cinta continua, como si se viera deslizarse la carretera a través de un retrovisor, cuan-

---

Theology 1965-1980, University Press of America, Lanham, Md., 1981, pp. 76ss.

7. Margaret FARLEY, «Fragments for an Ethic of Commitment in Thomas Aquinas»: *Journal of Religion.* 58 (1978) Suplemento *Celebrating the Medieval Heritage: A Colloquy on the thought of Aquinas and Bonaventure,* ed. por David Tracy, 135-155.

8. Para otro ejemplo de un modo de vida que conlleva una intuición del sentido de la vida, véase Aloysius PIERIS, SJ, *Love Meets Wisdom,* Paulist Press, New York 1988.

do el compromiso bautismal matiza la toma de decisiones en medio del mundo. Las decisiones tomadas
por los religiosos son similares a las de todos los cristianos. Sin embargo, los religiosos experimentan la
llamada específica de su vocación en las decisiones
cotidianas, al mismo tiempo que comparten con todos
la lucha común del discipulado[9]. El apoyo de la Iglesia
a la vida consagrada ayuda a los religiosos a asumir su
singular vocación, pues equivale a afirmar: «Lo que
vosotros experimentáis en lo más profundo de vuestro
corazón es real. Es un camino que otros han recorrido
y que os llevará a la vida». Los votos se realizan públicamente para ayudar al religioso/a a vivir auténticamente en un mundo que normalmente actúa de manera opuesta a su espíritu. La nueva espiritualidad de
los votos ve este mundo como el lugar en el que los
religiosos escuchan la palabra de su identidad más
profunda y la comparten con otros. La nueva espiritualidad del mundo también supone un desafío para
las congregaciones religiosas. La caridad, característica de la auténtica comunidad religiosa, tiene que
transformarse en una caridad social que sea un alega-
to ante el mundo. Cada congregación tiene que encontrar la actitud de amor societal que haga del «mirad
como se aman» no sólo una característica de la vida
interna de la comunidad, sino una característica repre-
sentativa de su imagen pública ante los creyentes y los
no creyentes.

---

9.   Richard A. MCCORMICK, «Does Religious Faith Add to Ethical
     Perception?», en (Charles E, Curran y Richard A, McCormick
     [eds.]) *Readings in Moral Theology,* n. 2: *The Distinctiveness of
     Christian Ethics,* Paulist Press, New York 1980, p. 158. Esta
     experiencia de los religiosos parece análoga a la descripción de
     McCormick de una exigencia ética existencial, que es una exi-
     gencia que no todo el mundo experimenta, sino que la percibe
     un individuo en un momento concreto de la historia. Aquí, la
     relación de la fe con la toma de decisiones ética se analiza a la
     luz de tres experiencias transformadoras. La fe transforma (1) la
     visión de la persona, (2) la motivación en el seguimiento de
     Cristo y (3) el modo de realizar una tarea moral.

Cuando las congregaciones traducen su carisma de modo que conecta con los problemas vitales que afectan a las personas en su mundo, se dirigen a las heridas más profundas de la sociedad. Este tipo de respuesta no sólo expresa los votos a través de la nueva espiritualidad del mundo en el que se encuentra la Iglesia entera, sino que también continúa encarnando el carisma de la congregación en los términos del mundo específico en que está arraigada.

La relación con la creación

El tercer cambio en la actitud hacia el mundo es la nueva manera de relacionarse con la naturaleza. En el mundo medieval, la naturaleza se veía como una realidad estática. Las personas entendían la naturaleza observando los procesos causa-efecto en las cosas creadas. Lo bueno, lo malo o la voluntad de Dios podían conocerse a través de las leyes de la naturaleza. Por ejemplo, en el terreno sexual, las personas observaban que los niños eran concebidos tras la relación sexual, lo que llevaba a la conclusión de que la relación sexual sólo era moral cuando la pareja intentaba concebir un hijo.

Hoy, las personas no creen que sea posible saber qué es bueno y qué es malo gracias a la mera observación de los procesos naturales. La naturaleza proporciona una parte de la información, pero no toda la necesaria para tomar una decisión. Las personas también experimentan hoy que pueden cambiar la naturaleza a través de la intervención científica o médica. Merced a esta posibilidad, la obligación moral trasciende el mero seguimiento de las leyes de la naturaleza. La responsabilidad respecto de la nueva naturaleza que creamos mediante el avance científico es una pesada carga sobre las conciencias. Este mismo sentido de la responsabilidad supone hoy un desafío para los religiosos, como preocupación por su contribución

a la orientación ética del próximo milenio. Este intento de crear un mundo más ético es un aspecto de su
experiencia de los votos.

El objetivo primario de la vida religiosa no es el
desarrollo de una ética ecológica o la búsqueda de soluciones a una guerra nuclear. Sin embargo, una vida
de pobreza, castidad y obediencia supone una afirmación de los valores que deberían guiar a la comunidad
humana a la hora de resolver esos problemas. La contribución que el testimonio de los votos hace a esas
cuestiones éticas se realiza a través de los valores que
dicho testimonio propugna.

Las congregaciones religiosas, mediante su actividad ministerial, dan también testimonio de una nueva
llamada moral en un mundo en transición. Las generaciones anteriores hacían hincapié en la máxima
moral: «Haz el bien y evita el mal». En la actualidad,
el mal en el mundo no sólo ha de ser evitado, sino que
debe ser transformado. Previamente, la vida cristiana
nos prescribe obrar bien en medio de la tentación.
Hoy, el desafío consiste en introyectar en la comunidad humana la convicción de que las personas son
absolutamente libres ante las descomunales fuerzas
que influyen en sus vidas.

En el contexto del mundo moderno, las congregaciones religiosas contribuyen a crear una atmósfera
moral en la que las personas puedan creer que hay alternativas a las circunstancias actuales. El mundo ya
no padece la falta de conocimiento científico que ali-
mentaba la superstición en la Edad Media. Lo que
hoy padece es una parálisis moral ante los problemas humanos suscitados por sus propios avances
tecnológicos.

Estas preocupaciones afectan al significado mismo
de la vida religiosa, porque la salvación de Jesucristo
está dirigida a cuanto aliena a los seres humanos. A
pesar de su prosperidad, la comunidad mundial afronta una creciente crisis ecológica y una devastadora
pobreza mundial. Las fuerzas que mantienen a países

enteros en la servidumbre y a generaciones en la indigencia proporcionan un nuevo nombre al pecado en nuestro tiempo. Los poderes que hacen de la vida humana, desde su generación hasta su terminación, una mercancía niegan esta verdad: que «por nosotros y por nuestra salvación, Jesús se hizo humano». Con sus vidas y sus ministerios, los religiosos cuestionan las opciones que configuran el futuro de los habitantes de nuestro planeta. En este período histórico, los votos reciben un nuevo significado gracias a los valores que aportan a estas cuestiones.

Las congregaciones religiosas pueden soslayar la responsabilidad de afrontar este mundo en transición ocupándose de tareas buenas pero irrelevantes. La creación de unas estructuras en las que los valores verdaderamente humanos puedan encontrar expresión exige que los religiosos participen creativamente en movimientos que hagan preguntas oportunas y exploren unas nuevas respuestas. Los votos dan testimonio, en un mundo en transición, de que la comunidad humana vive para más que el momento presente. Se debe optar por cuanto sirva a los intereses a largo plazo de nuestro planeta, no al beneficio inmediato de unos cuantos. El desafío para las congregaciones religiosas consiste en averiguar cómo su propia dependencia radical de Dios les llama a realizar esfuerzos cooperativos para construir una atmósfera moral en la comunidad humana. Al igual que en el pasado, el nuevo mundo en el que la vida religiosa está inserta necesita su respuesta.

10
¿Un camino al cielo
o a una nueva tierra?

En la interpretación de los votos hay en la actualidad dos tendencias. Una insiste en la llamada a la santidad en la vida religiosa, y la otra subraya la importancia del ministerio y de la transformación social, lo que da lugar a diferentes interpretaciones del significado de los votos. La tensión entre ambas puede reducirse a la existente entre una visión de los votos «espiritualista» y otra orientada hacia una «nueva tierra». Normalmente, cuando se plantean ambas polarizaciones, el resultado es una falsa imagen de los votos. Los religiosos con una visión holística de sus vidas saben que ambas imágenes son necesarias. Sin embargo, la mayoría de los religiosos no han integrado las dos visiones en sus vidas y actualmente luchan por realizar una síntesis.

Una de las tensiones para alcanzar esa síntesis se centra en torno al lenguaje. Los religiosos utilizan un lenguaje espiritual para describir la dimensión reflexiva, no la activa, de sus vidas. Las palabras teológicas y espirituales hablan de la santidad como pasividad y escucha. Con análoga intención descriptiva, los religiosos hablan acerca de la acción y la misión con un lenguaje socio-político: construyen el Reino y realizan una acción transformadora. El problema consiste en que ninguno de estos lenguajes puede por sí solo expresar los votos hoy. Cuando la vida religiosa se describe en términos de ministerio o justicia, los religiosos pueden sentirse inquietos porque no se aborda la profunda experiencia religiosa que subyace en su corazón. Y cuando se habla en términos de santidad, se pone cuestión su relación con el sufrimiento humano.

El desafío ante el que se encuentran las congregaciones en la actualidad es el de desarrollar una visión y un lenguaje acerca de la vida religiosa que integren ambas perspectivas. La insistencia en la pasividad y la escucha es demasiado «angelista» para las personas actuales, que esperan hacer una contribución al mundo. Por otro lado, el énfasis en construir la «nueva tierra» puede incurrir en el «carrerismo» si no está vinculado a la experiencia religiosa que fundamenta el compromiso. Algunos de los fundamentos de una nueva síntesis y sus ramificaciones prácticas se analizan en los capítulos siguientes. Por el momento exploraremos los valores que respaldan la visión de los votos «espiritualista» y la orientada hacia una «nueva tierra».

La visión de los votos «espiritualista»

La visión de los votos «espiritualista» se construye sobre unas determinadas convicciones teológicas, que no están fundamentadas explícitamente en la teología de los votos, pero sí reflejan la espiritualidad que las respalda. El enfoque «espiritualista» hace hincapié en que la Encarnación y la Redención de Jesucristo trajeron una nueva era a la historia humana: la plenitud de los tiempos[1]. Esta espiritualidad se centra en el sentido último de la vida humana. La vida humana tiene como objetivo llevar a los hombres y las mujeres a estar cara a cara con Dios en su Reino, ante su poder y su gloria. La existencia humana se juzga en cada

---

1. Para un análisis del contraste entre estas dos visiones, véase Juan Luis SEGUNDO, *The Liberation of Theology*, Orbis Books, New York 1976, pp. 122ss.

momento por la Palabra de Dios. El compromiso religioso, en consecuencia, es una respuesta al sentido último de la vida. Es una entrega total del yo a Dios. Hacer los votos supone unirse para toda la vida al amor redentor de Jesucristo.

La práctica de los votos anterior al concilio reflejaba esta teología y esta espiritualidad. Los religiosos se centraban en los valores últimos que subyacen al núcleo de su compromiso. Esta espiritualidad propugnaba las meditaciones sobre la muerte, la regla del silencio, la minimización del ministerio personal y el anonimato de las relaciones. La vida humana era pasajera, y el auténtico sentido de la vida se encontraba en su proyección hacia el cielo.

La visión «espiritualista» de los votos pone de relieve que la vida religiosa pertenece íntegramente a la vida de la Iglesia y da testimonio del misterio de esa vida. Los religiosos reconocen que el acontecimiento culminante y decisivo de la historia ha tenido ya lugar con la llegada de Jesucristo. Y los votos son una respuesta a ello.

La visión «espiritualista» de los votos no debe asociarse únicamente con la visión de la vida religiosa anterior al Vaticano II, pues contiene valores perennes esenciales para hoy. El juicio definitivo de Dios ya ha comenzado. El entero orden del mundo y la vida humana son emplazados y juzgados por Dios. No importa el grado de progreso humano que se haya alcanzado, la vida humana nunca será distinta. La acción final de Dios será siempre necesaria para restablecer la justicia que la historia no ha generado en sus acontecimientos visibles.

Todas estas nociones teológicas tienen un lugar en la vida religiosa del futuro. Fundamentan los votos religiosos dándoles el carácter de un acto de apertura radical a la acción de Dios como aspecto más definitivo de la vida, y hacen hincapié en los consejos evangélicos como visión central del compromiso religioso.

Una dificultad actual para integrar estas nociones en una teología de los votos es que la mayoría de los religiosos viven en una atmósfera secular. La espiritualidad que sustenta el enfoque «espiritualista» no es tan significativa hoy como lo fue en el pasado. La estructura de la vida religiosa anterior al Vaticano II, dado su apartamiento de la sociedad normal, ponía estas verdades últimas día tras día ante los religiosos. Pero los religiosos que viven en un mundo secular carecen de este apoyo, y lo que necesitan hoy son nuevos modos de conectar con el enfoque espiritual al mismo tiempo que abordan la preocupación de la persona actual: ¿cómo contribuir a este mundo? Para poder hacerlo, la visión «espiritualista» de los votos tiene que integrarse con otra perspectiva religiosa más terrenal.

Ver la vida desde otra perspectiva

La visión de los votos orientada hacia una «nueva tierra» tiene también una fundamentación teológica. En lugar de hacer hincapié en que Jesucristo ya ha traído la salvación mediante su Encarnación y Redención, subraya que el pleno efecto de la salvación aún no ha llegado a su consumación en la historia humana[2]. La vida humana está en proceso de convertirse en el Reino de Dios. Y la Iglesia es signo, instrumento y heraldo de esa realidad en curso.

No resulta sorprendente que la perspectiva de una «nueva tierra» vea la vida religiosa de una forma diferente. En lugar de preguntarse por el significado de los votos para el cielo, la perspectiva de una «nueva tierra» cuestiona su significado para esta vida. Los votos se evalúan en función de su utilidad para ayudar a las personas a ser más plenamente humanas y para confi-

---

2.   Este tema se desarrolla en términos de nuestra comprensión de Jesús en Elizabeth JOHNSON, *Consider Jesus,* op. cit., caps. 1-4.

gurar la comunidad humana. Las personas con la perspectiva de una «nueva tierra» se preguntan qué suce-
derá en sus vidas y en este mundo por haber optado
ellas por la vida consagrada.

Que hoy las personas se hagan esta pregunta acerca del compromiso religioso no significa que no estén preocupadas por la vida futura, que carezcan de
perspectiva religiosa o que no sientan necesidad de
Dios. Su pregunta indica simplemente que la importancia de Dios en sus vidas se expresa de una manera
pragmática.

Las personas actuales son empíricas, prácticas y
están orientadas a hacer las cosas mejor. Por eso expresan la importancia de Dios en sus vidas preguntando cuál es el lugar de Dios cuando han de tomar decisiones. Se preguntan cómo afecta la fe en Dios a sus
prioridades: ¿qué es importante para Dios en esta vida?; ¿qué permanecerá ante los ojos de Dios?; ¿qué
merece el esfuerzo que ellas realizan?; ¿qué quieren que sus vidas simbolicen?; ¿es eso lo que Dios
significa?

Para las personas autónomas y cuyas opciones son
adultas, la vida religiosa tiene que responder las preguntas anteriores, a las que subyace mucho más que el
mero pragmatismo respecto del éxito en el trabajo o en
los resultados. Las personas necesitan saber que la
vida religiosa es un modo de expresar una profunda
experiencia religiosa en acción y de continuar descubriendo, a través de la acción creativa, una relación
personal con Dios. Para que la vida religiosa tenga
sentido, se necesita esta experiencia continua de acción y descubrimiento radicales.

Éste es el punto en el que aparecen las limitaciones de la visión «espiritualista» de los votos. ¿Por
qué? Las convicciones de la perspectiva «espiritualista» afirman lo que es importante en última instancia.
La convicción de estar ante Dios nos ayuda a discernir
el bien del mal. La eternidad apunta al sentido más

profundo de la vida humana en estos complejos tiempos. Pero no basta con ello.

Hoy, los religiosos necesitan saber cómo influyen en sus opciones actuales las convicciones acerca del otro mundo[3]. ¿Por qué dan sus vidas los religiosos en Centroamérica?; ¿por qué un triunfante analista informático deja una empresa puntera y emplea sus conocimientos en una congregación religiosa?; ¿por qué una mujer económicamente bien situada renuncia a su independencia y se une a otras personas para desarrollar su ministerio en un hospital?; ¿por qué dos personas enamoradas optan por no expresar ese amor genitalmente debido a su compromiso primordial?; ¿por qué abordar la justicia o las cuestiones eclesiales de nuestros días?; ¿por qué no instalarse confortablemente y dejar que el mundo siga su curso?

Mientras la visión «espiritualista» de los votos subraya la importancia de la relación de la persona con Dios, la perspectiva de una «nueva tierra» explora las ramificaciones de esa relación aquí y ahora. Los religiosos tienen que conocer a Jesucristo como persona, no sólo en el más allá, sino en el presente, en orden a que sus vidas tengan sentido[4]. La felicidad del religioso/a depende de su interpretación del mensaje de Jesús y del seguimiento de éste[5]. El enfoque de la «nueva tierra» no insiste en el significado último de Jesús, sino en sus actitudes, su modo de vida, sus intereses y sus valores. Los religiosos reflexionan sobre la vida de Jesús para ver cómo vivió los valores del Reino de Dios, a fin de poder hacer ellos lo mismo cuando experimenten el desafío cotidiano de las crisis institu-

---

3. Véase *Gaudium et Spes*, 21. «La esperanza escatológica no merma la importancia de las tareas temporales, sino que más bien proporciona nuevos motivos de apoyo para su ejercicio». (Walter M. ABBOTT [ed.]), *The Documents of Vatican II*, Herder and Herder, New York 1966. *Once grandes mensajes*, BAC, Madrid 1993.
4. Juan Luis SEGUNDO, *Our Idea of God*, op. cit., p. 93.
5. *Gaudium et Spes*, 44.

cionales, la extenuación ministerial, las necesidades relativas a la salud, la discriminación sexual y la vida entre escépticos.

Los religiosos miran a Jesús buscando más que un modelo o un ejemplo. Cuando se encuentran ante problemas que Jesús no tuvo que afrontar en el siglo I, desarrollan una relación con él que transforma sus propias vidas y el mundo. Los votos ponen de manifiesto que la realización personal de un religioso en esta vida se centra en última instancia en ese misterio. Como actitud adulta en la Iglesia, el compromiso adquirido mediante los votos conduce al cielo, pero también a una vida plena centrada en los valores que traen el reino de Dios a la tierra.

Aunque toda vocación en la Iglesia da testimonio de la importancia de la relación con Dios, los religiosos dan testimonio de esa relación haciendo de ella el centro absoluto de sus vidas. Su opción afirma el interés de Dios por la vida entera. La búsqueda de unas relaciones sanas, de formas de afrontar las realidades económicas, de la salud, de la paz y de la plenitud, que ocupa la mayor parte de las energías humanas, es también de interés para Dios. Los religiosos expresan su esperanza en Dios mediante su confianza en él a lo largo de la vida. Frente a la falta de sentido y al determinismo que caracterizan a la cultura moderna, los religiosos afirman que la vida humana, por oprimida que esté, se verá renovada por el poder de Dios.

Los religiosos de nuestro tiempo dan testimonio del Dios que trabaja en la historia, pero lo hacen de un modo distinto que el monje del siglo IV o la monja de clausura del Renacimiento europeo. Sin embargo, el común denominador entre las generaciones de religiosos es la inevitable cuestión que brota de la llamada al amor: el sentido del sufrimiento y de la cruz[6].

---

6.   Juan Luis SEGUNDO, *The Sacraments Today,* Orbis Books, New York 1973, p. 56.

El amor expresado mediante los votos es signo de que todo amor y el sufrimiento resultante tienen un sentido último. Éste es el testimonio escatológico de la vida religiosa. Sin embargo, en nuestro tiempo la vida religiosa es una actitud vital que merece la pena únicamente si ese amor hace frente al sufrimiento de este mundo. Esto es lo que propugna la perspectiva de una «nueva tierra». Cada generación de religiosos debe hacerse estas preguntas a propósito del misterio pascual: ¿es la muerte para la resurrección?; ¿vale la pena el amor?; ¿compensa ser contracultural?

La visión de los votos desde la perspectiva de la «nueva tierra» afirma que la escatología no es un mero hecho relativo al otro mundo, sino que el poder de Dios está vinculado al hoy. La acción de Dios no es únicamente lo último de cada vida humana, sino que es también central para vivir en el presente. Por eso el Reino o Reinado de Dios no es sólo el objetivo de la vida humana, sino su proyecto continuo.

La perspectiva de una «nueva tierra» desafía a las comunidades religiosas a hacer de la realidad última de la acción final de Dios no una mera información acerca del otro mundo, sino el proyecto de éste. Exploraremos esta visión de las congregaciones religiosas examinando la perspectiva de una «nueva tierra» en la vida comunitaria. Analizaremos los votos como un proyecto, como una realidad social y como un signo concreto de Dios en el mundo.

11
Votos para un viaje terrenal

El Reino de Dios apunta a la relación entre Dios y los seres humanos[1]. En el Reino de Dios, el primer lugar es para los que sufren. En la perspectiva de una «nueva tierra», la construcción de unas relaciones propias del Reino de Dios es parte de la vida religiosa. Como todos los bautizados, los religiosos emprenden la tarea, que se prolonga a lo largo de toda la vida, de hacer suyas las preocupaciones del Reino.

Aunque es Dios quien crea el Reino, los seres humanos tienen un importante papel a la hora de hacerlo realidad. En este sentido, el Reino es un proyecto. Sin embargo, el Reino no es simplemente algo que tratamos de hacer realidad, sino que también es algo que nos sucede a nosotros y que nos llama. El Reino de Dios irrumpe en la historia trayendo amor y liberación para los individuos y los grupos. Nosotros podemos examinar cómo unen los religiosos sus vidas a la dinámica del Reino analizando la vida religiosa desde tres perspectivas: como un proyecto vital de búsqueda del Reino, como un modo de vida con una dimensión social y como un signo concreto en el mundo.

Los votos y el Reino: un proyecto vital

La perspectiva de una «nueva tierra» subraya el papel de la iniciativa humana en la vida religiosa. Los religiosos pueden y deben crear las condiciones para que

---

1. Juan Luis SEGUNDO, *The Liberation of Theology,* op. cit., p. 87.

el Reino de Dios pueda llegar. El Reino es más que una llamada a la perfección: es el proyecto mismo de vida religiosa. Mediante los votos, los religiosos prometen invertir su energía –que podría haberse dirigido únicamente hacia las cuestiones personales– en la construcción de una «nueva tierra». Y ésa es la manera de responder a la llamada evangélica a ser perfecto.

La vida religiosa es una actitud de fe. Mediante los votos, los religiosos ponen de manifiesto que el proyecto de sus vidas no tiene sentido sin la fe religiosa. Aun cuando los religiosos comparten la misma vocación bautismal que todos los cristianos, poseen una capacidad singular de testimoniar que la presencia de Dios tiene una importancia decisiva en la vida. Aunque todas las vocaciones hacen esto mismo, los símbolos de la vida religiosa, si se viven auténticamente, tienen una densidad distintiva para dar este testimonio. ¿Por qué?

La densidad es la capacidad de un símbolo de albergar muchos niveles de significado. Y la opción por el celibato, la pobreza y la obediencia como actitud vital implica un proyecto de vida distinto del de la mayor parte de la gente, pues supone la renuncia a la vida familiar, a las posesiones personales y a un tipo de control sobre los propios objetivos. Los votos introducen al religioso/a en una comunidad, poniendo en cuestión la actitud cultural consistente en buscar la auto-realización únicamente como plenitud personal. Este compromiso con la construcción de la comunidad a largo plazo contrasta con la mentalidad individualista. La vida religiosa se basa también en una alianza vital entre unas personas que no están ligadas por vínculos de sangre o matrimoniales. En una congregación religiosa, miembros de muy diversas razas y culturas puede intentar vivir multiculturalmente.

Cuando las personas ven que los religiosos renuncian a objetivos vitales legítimos y observan los valores a los que se adhieren, se suscitan las naturales preguntas: ¿por qué?; ¿qué pretenden estas personas? La vida religiosa implica más que la mera acción social, la excelencia profesional o la vida holística, puesto que es un proyecto construido sobre una relación. Los votos testimonian que un Dios personal es el silente soporte de una vida de amor activo. Este amor es real y de tal clase que es capaz de entregarse con absoluta devoción[2].

Sin duda alguna, la amistad y la vida comunitaria llevan el amor de Dios a la vida del religioso/a. Sin embargo, una vida célibe exige también capacidad de soledad. La vida religiosa proporciona mayor apoyo estructural para la contemplación que ninguna otra vocación[3]. La soledad de la vida del religioso/a puede en ocasiones conllevar tristeza. No obstante, la soledad alimenta no sólo la relación con Dios, sino también la conciencia de la causa de Dios, el Reino, en el núcleo de la vocación religiosa.

Hacer los votos supone un estado en el que las cosas materiales, la pareja sexual y la completa libertad de opción no son tan importantes para los religiosos como la plenitud de vida a la que Dios los ha llamado. A esta plenitud de vida nos referimos cuando pedimos: «Venga a nosotros tu Reino». Los votos no sólo proporcionan orientación a la vida individual, sino que son una afirmación del derecho de todos a buscar la plenitud de vida.

La visión de los votos orientada hacia una «nueva tierra» pone de relieve que los valores evangélicos de la castidad célibe, la pobreza y la obediencia centran el proyecto vital de los religiosos en torno al Reino. La pobreza, la castidad y la obediencia no sólo son aspectos de su vida cristiana, como lo son para todos los cristianos, sino que son actitudes vitales primarias que

---

2.   David HASSEL analiza extensamente este aspecto en su libro *Searching the Limits of Love: An Approach to the Secular Transcendent God,* Loyola University Press, Chicago 1985.
3.   Véase André GUINDON, *The Sexual Creators,* University Press of America, Lanham, Md, 1986, pp. 205ss.

afectan al modo en que los religiosos viven todos los demás valores evangélicos en la búsqueda del Reino.

El amor que inspira el compromiso consagrado es, en sí mismo, una expresión del Reino. El amor compartido en relaciones que sirven a las necesidades humanas perdurará también en la «nueva tierra», cuando Dios venga de nuevo. Como observa Pablo, muchas cosas que nosotros consideramos importantes pasarán, únicamente el amor permanecerá, porque el amor participa ya del amor definitivo de Dios que lleva todas las cosas a su plenitud. Éste es el amor invertido ahora en el proyecto del Reino. Se trata de un asunto del corazón en el que los religiosos construyen el Reino de Dios y, en el proceso, no sólo satisfacen las necesidades del mundo, sino que también encuentran a Dios[4].

Las congregaciones y la «nueva tierra»

La visión de los votos orientada hacia una «nueva tierra» emplaza a las congregaciones a construir una visión común a fin de poder actuar corporativamente, porque, al actuar de ese modo, las congregaciones tienen la posibilidad de construir el Reino de una manera que no está al alcance de los cristianos individuales. El carisma comunitario establece la orientación de la construcción del Reino y proporciona un punto de mira para el discernimiento de las vocaciones presentes en las congregaciones.

El carisma particular de una comunidad es una percepción especial de la naturaleza del Reino de Dios. El carisma de mi propia comunidad, por ejemplo, es la Bondad de Dios y la opción por los pobres. Se trata de una dimensión del Reino y de los valores

4.   Véase Wilkie Au, *By Way of the Heart,* Paulist Press, New York 1989.

que representa. El carisma no es mera inspiración, sino que tiene implicaciones prácticas. Al celebrar y vivir su carisma, una congregación no sólo testimonia un aspecto de la vida de Dios, sino cómo debe ser la vida humana.

La búsqueda del Reino como proyecto es inacababable. Un carisma como la misericordia, la providencia o la bondad de Dios tiene que traducirse no sólo en una visión global, sino en proyectos y objetivos concretos. A través de estos medios prácticos, la comunidad busca el Reino reduciendo el desfase entre lo que debe ser y lo que es. Sin embargo, una comunidad sólo puede vivir su carisma de manera parcial. Por ejemplo, un carisma puede inspirar un proyecto ministerial en una iglesia local. Pero el carisma sólo se expresa parcialmente, porque todos los proyectos alcanzan un éxito limitado, e incluso los proyectos que tienen éxito no logran expresar la plenitud del Reino.

Sin embargo, centrarse en el Reino como proyecto puede ayudar a las congregaciones a caer en la cuenta de que hoy no existen «soluciones cristianas» a los problemas. No hay una respuesta. Sólo contamos con el valor relativo de unas trayectorias respecto de otras. Dado que no existe la solución perfecta, las comunidades tienen que sopesar cuidadosamente las alternativas buscando la mejor respuesta a la llamada que el Reino les hace como grupo.

En las congregaciones se necesitan hoy nuevos valores y nuevas actitudes para este tipo de participación en los afanes del Reino. Una de estas necesidades es la creatividad. Los religiosos la necesitan en orden a crear respuestas eficaces a los nuevos problemas. La preocupación por hacer las cosas bien debe combinarse con una perspectiva que abarque la planificación y la ensoñación, pues el Espíritu actúa en ambas.

Los votos como postura social

Los votos están destinados a causar un efecto en el mundo. En el pasado insistíamos en su poder para desarrollar el Reino de Dios en los religiosos y llevarlos a la perfección. Hoy subrayamos que el Reino de Dios existe no sólo en nuestros corazones, sino también en el mundo, causando un impacto tanto en la vida personal como en la social. El Reino no sólo crece en los individuos, sino también en los grupos, las naciones, las instituciones, las actitudes, las razas y las culturas. Mientras que en el pasado insistíamos en que los votos tenían significación social mediante el compromiso con una vida colectiva o institucional, hoy nos preguntamos por su trascendencia en un nuevo tipo de vida pública y corporativa.

La llamada del Reino en nosotros es importante. Nos impulsa a cuestionarnos si nuestros actos son de amor o de egoísmo. El Reino de Dios llama a las personas a apartarse de sus ídolos para seguir más de cerca a Jesús. La perspectiva de una «nueva tierra», sin embargo, añade otra dimensión a esta reflexión, puesto que explora la trascendencia social de la acción y se pregunta qué perdurará en la vida humana a causa de la misma.

Esta cuestión puede arrojar una nueva luz sobre los viejos valores de las congregaciones religiosas. El avance del Reino suele ser lento y complejo. Caer en la cuenta de las dificultades con que tropiezan los valores del Reino para hacerse realidad pone de relieve el valor de las instituciones. Las instituciones pueden seguir practicando la acción y la protesta afirmativas mucho después de que sus miembros hayan dejado de ejercer su papel individual. Los nuevos miembros afirman el papel positivo de las instituciones en su opción vital. Entran en la vida religiosa a fin de que sus esfuerzos individuales puedan integrarse en un todo colectivo. Este sentido de ser parte de algo mayor que uno y extraer de ello fuerza para realizar esfuerzos individuales es una experiencia de la realidad social del Reino de Dios en acción.

Mediante la perspectiva de una «nueva tierra» también se puede dar nuevo valor a la planificación en las congregaciones religiosas. Mientras la mayoría de las congregaciones han recurrido durante décadas a las técnicas de gestión empresarial, la perspectiva de una «nueva tierra» hace uso del significado teológico de esos esfuerzos. Las cosas únicamente pueden ocurrir desde arriba cuando han sido preparadas «desde abajo». Recurrir a las oportunas técnicas de gestión empresarial en la planificación de las congregaciones es esencial para extender hoy el Reino de Dios.

La conducta impersonal también puede ser parte del Reino de Dios. La perspectiva «espiritualista» propugna la integridad de la acción personal. Sin embargo, esta perspectiva por sí sola puede llevar a la pasividad y el individualismo frente a la responsabilidad de contribuir a la vida colectiva o a la sociedad. Los cambios sociales significativos no sólo son resultado de las decisiones personales libres, sino que proceden de factores más impersonales, como la legislación, la acción grupal y las técnicas de poder constructivas, que suelen oscurecer la conciencia de las diferencias individuales, más patentes en un nivel más individual. Estos comportamientos pueden también integrarse en la vida consagrada.

La confusión acerca de la idea de que el Reino requiere la aceptación personal del cambio social puede llevar a la premisa de que el único camino cristiano al cambio social es el que resulta del consenso universal, lo cual puede llevar también a un sutil apoyo a la pasividad cristiana. Las congregaciones religiosas pueden situarse en una postura de espera y esperanza, esperando que cada religioso individual perciba el significado de las exigencias evangélicas del mismo modo y que de ese consenso proceda una nueva vida.

Por el contrario, la necesidad de autoridad en la vida religiosa ha puesto siempre en cuestión ese mito.

Ha afirmado que las exigencias de la misión de extender el Reino implican que la pasividad inherente que procede de la excesiva dependencia del consenso grupal tiene que ser contrapesada por un liderazgo ejercido de manera adulta y por la llamada a tener unos objetivos comunes.

Los votos como un signo concreto en el mundo

Los votos deben ser un signo concreto en el mundo. El Reino ha de ser conocido y experimentado en el presente, no ser tan sólo una motivación para la otra vida. En la perspectiva «espiritualista» de los votos, la acción de Dios es absoluta: Dios vence en última instancia, aun cuando no podamos percibirlo de inmediato; la providencia de Dios guía todas las cosas; y las personas aceptan que los caminos de Dios no coinciden con los suyos.

La perspectiva de una «nueva tierra» parte de otras bases. La Iglesia y la vida religiosa no sólo son signo del reino escatológico del final de los tiempos, sino que tienen que ser útiles aquí y ahora. La Iglesia y la vida religiosa están llamadas a iluminar los problemas de esa condición humana que se ve cada día en los informativos.

Las congregaciones religiosas tienen, pues, un nuevo imperativo. No sólo los religiosos individuales deben ser un signo en el mundo, sino que la comunidad en su conjunto es un signo[5]. Para serlo, la vida corporativa de la congregación tiene que poseer la estructura de fe del discipulado en el Reino: el misterio pascual. Las congregaciones viven el misterio pascual cuando asumen la responsabilidad de abordar los problemas de nuestro tiempo[6]. Su vida corporativa da tes-

---

5. Thomas CLARKE, SJ, «Jesuit Commitment–Fraternal Covenant», *op. cit.,* pp. 82ss.
6. Juan Luis SEGUNDO, *Our Idea of God,* op. cit., p. 175.

timonio de la siguiente verdad: que la capacidad de ir más allá del propio yo y centrarse en el bien ajeno es lo que crea amor en el mundo.

Por tanto, para ser un signo, las órdenes religiosas tienen que ser más que una mera yuxtaposición de personas que dicen, piensan y hacen cosas completamente diferentes o incluso opuestas[7]. Dado que los votos se hacen en comunidad, los religiosos están llamados a más que una mera fidelidad privada a los mismos; están llamados también a tomar las decisiones públicas y comunitarias que los votos inspiran. Puesto que la Iglesia es visible en la sociedad a través de sus instituciones públicas, las congregaciones religiosas siguen teniendo un importante papel en esa visibilidad. Cuando las congregaciones crean nuevas instituciones, nuevas obras y una vida corporativa, asumen esa responsabilidad de dar testimonio público.

En su reinterpretación de la vida religiosa, las congregaciones deben preguntarse cómo hacer para que los votos sigan siendo un signo escatológico. Para ello son necesarias tanto la visión de los votos «espiritualista» como la de una «nueva tierra». La perspectiva «espiritualista» los llevará a preguntar qué es lo importante en último término. La perspectiva de una «nueva tierra» les pedirá que disciernan el significado de sus esfuerzos corporativos. ¿Qué perdurará?; ¿qué merece sus esfuerzos?

Esta búsqueda no es nueva. Las congregaciones religiosas siempre han estado llamadas a dar testimonio de la presencia del Reino y de la vida transformadora que conlleva. Hoy, las congregaciones recuerdan la promesa de que lo que el esfuerzo humano no puede realizar, Dios lo completará en la acción final escatológica. Pero lo que el esfuerzo humano haya realizado no se perderá al final de los tiempos, sino que se celebrarán las historias y el momento presente de los individuos. Finalmente, lo que el esfuerzo humano habría

---

7. Juan Luis Segundo, *The Sacraments Today,* op. cit., p. 68.

podido realizar –y no haya hecho– será juzgado con plena justicia en el juicio escatológico.

Las congregaciones religiosas están llamadas a integrar las perspectivas de los votos «espiritualista» y de una «nueva tierra», porque la vida religiosa debe transmitir su verdad a nuevas personas y generaciones. Los nuevos miembros aportan a esa tarea integradora su pasión por la vida y su capacidad para la acción transformadora. Cuando las congregaciones responden, se integran también en la nueva tierra al reinterpretar como religiosos su vida para el nuevo milenio.

CUARTA PARTE

PROBLEMAS ACTUALES DE LA VIDA RELIGIOSA

12
La vida comunitaria: encontrar la sombra dorada del individualismo

La cultura individualista ha emitido un certificado de defunción de la vida comunitaria en las órdenes religiosas. Los científicos sociales afirman que los miembros de nuestra sociedad encuentran difícil incluso pensar en un grupo o en un nivel comunitario[1]. Si sus percepciones son exactas, quienes predicen una vida religiosa futura sin comunidad pueden estar en lo cierto. Este período de transición, por otro lado, puede proporcionar una oportunidad incomparable para que la vida comunitaria sea resimbolizada en la Iglesia. Que el futuro nos depare una u otra alternativa no es inevitable, sino cuestión de opción y de estrategia para los religiosos de hoy.

La naturaleza mixta de la vida religiosa

La vida religiosa ha sido en la sociedad tanto una fuerza contracultural como transformadora. Ambas cosas no siempre van unidas. Cuando un movimiento religioso es capaz de ser tanto contracultural como transformador, es que posee una naturaleza híbrida o mix-

---

1. Robert BELLAH afirma en *Habits of the Heart,* op. cit., que el modo de pensar norteamericano es tan individualista que carece de conceptos para cosas de naturaleza comunitaria.

ta[2]. Para que un grupo tenga una naturaleza mixta, debe ser lo bastante distinto de la sociedad como para contrastar con ella. Su vida común debe reflejar su fuente de inspiración trascendente, y debe tener la capacidad de ser crítico respecto de las premisas imperantes en la cultura. Por otro lado, un grupo debe ser bastante similar a la cultura para poder comunicar el significado religioso y humano en que está basado. Las personas sólo se identifican con algo que no sea ajeno a su modo de pensar y de ser. Los teólogos afirman que Dios se revela a nosotros de acuerdo con nuestro entendimiento. Y también los grupos son entendidos dentro de esos límites.

Esa naturaleza mixta no es fácil de lograr en las congregaciones religiosas. Una consecuencia de intentar *estar* en una cultura sin *ser* de ella es la sensación de malestar de las comunidades religiosas actuales. Ello ha sido resultado del paso de una vida aislada a un modo de vida conectado con las familias, los amigos y la sociedad. Vivir de este modo ha aportado una nueva vida tanto a los religiosos como a las congregaciones. El malestar procede de la soledad, el aislamiento y el colapso de un sentido de comunidad resultado de la lucha por vivir de nuevas maneras, que ha tenido un éxito desigual.

La resolución de la tensión suele debatirse hoy en comunidad. Y los debates siguen dos direcciones: algunos reclaman una vuelta a la «comunidad», lo que hace estremecerse a otros, que temen las limitaciones, el enclaustramiento y la vida controlada del pasado. Otros profetizan el fin de la comunidad, la liberación definitiva de sus mitos, y predicen que será reemplazada por redes informales de adultos reunidos en grupos de apoyo, aunque vivirán individualmente. El primer grupo replica que ese escenario sustituye la vida frente a frente y el compromiso de la vida comunitaria

2.   John COLEMAN, *An American Strategic Theology*, Paulist Press, New York 1982, pp. 38-56.

por «unas copas y una cena cuando nos apetezca». El segundo grupo responde que la vida comunitaria no les resulta válida a muchos religiosos y que hay que ensayar nuevos modos de llenar el vacío.

Los individuos que participan en esos debates saben que el futuro necesita más que lo que la actual situación de la vida comunitaria puede proporcionar. Aunque siempre serán necesarias unas disposiciones para la vida individual en las congregaciones religiosas distintas de la mera organización grupal, la vivencia general hoy de la vida comunitaria sigue reclamando una profunda resimbolización.

Por sí sola, ninguna de las direcciones mencionadas anteriormente constituirá el futuro de la vida comunitaria. Las órdenes religiosas no pueden retornar a ser un colectivo medieval y estar al mismo tiempo encarnadas en el mundo moderno. El individualismo forma parte de la matriz cultural de nuestra sociedad. Tampoco pueden adoptar el modo de vida individualista de la cultura y renombrarlo con términos religiosos, al mismo tiempo que ofrecen a la Iglesia un modo de vida alternativo. El desafío para las congregaciones hoy consiste en aprender del individualismo acerca de algunos aspectos de la vida comunitaria, pero también en criticar sus falacias. Si los religiosos consiguen hacerlo, no sólo revitalizarán sus propias comunidades, sino que además contribuirán a una sociedad que también necesita comunidad.

Reivindicar nuestra sombra

Cuando las congregaciones reflexionan sobre su vida a lo largo de los últimos treinta años, el individualismo constituye una de las sombras de la renovación. Es parte de las secuelas colectivas que no figuraban en el plan de las congregaciones. El individualismo, o la atención a los individuos sin tener debidamente en cuenta al grupo o las realidades relacionales, es una característica negativa de la cultura del Primer Mundo que está vinculada al egoísmo, el fracaso relacional y la destrucción personal.

Los religiosos experimentan el individualismo como un fracaso de la vida comunitaria. Las personas parecen tener muy escaso compromiso mutuo. Las comunidades no son un lugar en el que emplear el tiempo. Las reglas relativas a prácticas como los tiempos de oración, de recreo, de reconciliación y de ayuda a los necesitados no se experimentan colectivamente. No se sabe con certeza con qué miembros de la comunidad se puede contar ni siquiera en situaciones críticas como enfermedades, funerales y momentos de transición.

Para aprender del individualismo, los religiosos tienen que encontrar el oro oculto en esta experiencia sombría. La psicología actual se refiere a este enfoque como recuperación de la propia sombra dorada[3]. En el nivel personal, el proceso implica prestar atención a los aspectos negativos de la propia personalidad que previamente han estado reprimidos y tratar de encontrar sus rasgos creativos y constructivos. El yo se reapropia de la característica negativa, no en su forma distorsionada y reprimida, sino mediante la visualización de una expresión apropiada de la misma que incluya sus cualidades curativas.

Este proceso puede también realizarse colectivamente. Si hoy los religiosos individuales y las congregaciones pueden dirigir su atención al individualismo de sus vidas, ello puede proporcionar una fuente caudalosa y sanadora a la hora de adquirir una imagen de la comunidad religiosa del futuro.

---

3.   William MILLER, *Your Golden Shadow,* op. cit.

Reapropiarse del individualismo en la vida comunitaria

El individualismo ha obligado a los religiosos a afrontar el daño causado a las personas cuando se da tanta prioridad a las necesidades institucionales y comunitarias que se ignoran los talentos y las diferencias individuales. Esto ha alertado a los grupos respecto de los resultados disfuncionales de primar tanto los valores comunitarios que se llegue a excluir la aceptación de los sueños de los miembros. El énfasis en lo individual ha conllevado también el descubrimiento en solitario de la diferencia entre la virtud apoyada por el ejemplo del grupo y la virtud que los religiosos practican por sí solos.

Los experimentos consistentes en compartir la autoridad en el nivel local han sido también parte de la tendencia individualista de las congregaciones religiosas. Compartir la autoridad no es tan fácil como suele pensarse; exige autosacrificio y comunicación, y a veces no logra servir a las necesidades humanas. En las comunidades horizontales –consecuencia también de los arquetipos individualistas–, esto se ha llegado a comprender muy bien. La vida en la institución oculta también algunas de las responsabilidades de la vida adulta. Las comunidades locales han descubierto que no hay en ellas más amor que el que los individuos estén dispuestos a invertir. Su vacuidad ocasional no es culpa de la administración central, del papa ni de las estructuras congregacionales, sino de la envidia, la competitividad y la negativa a dejar suficiente tiempo en las agendas profesionales para dedicarse a los hermanos y hermanas de la comunidad.

Algunos religiosos han comprendido que no hay hada madrina alguna que arregle las cosas cuando van mal. Aunque el individualismo ha ayudado a muchos de ellos a escapar de las estructuras rígidamente controladas, también les ha mostrado que sus propias adicciones ya no pueden permanecer ocultas.

La lucha respecto de la vida comunitaria

La vida comunitaria ha sido la causa de una prolongada ira, culpabilización y desesperación para algunos religiosos[4]. Una razón de esta ira es una imagen de la comunidad procedente de un pasado real o imaginario. La conclusión de los religiosos es que, puesto que no hay manera de ser lo suficientemente bueno en comunidad, lo mejor es tirar la toalla. Lo más práctico que se puede hacer es renunciar incluso a la posibilidad de vivir este aspecto. Otros consideran que el objetivo es simplemente, ante todo, una tontería. Una vida grupal centrada en la misión no es realista, excepto entre personas voluntariamente amigas.

En lugar de abordar el individualismo como una sombra, el enfoque anterior lo ve como el futuro. La solución afronta la sombra del individualismo en la vida religiosa, pero no va más allá. Otra posibilidad es ir más allá del individualismo, encontrando en la muerte aparente de la comunidad un sentido de su vida oculta. Únicamente mediante la confrontación, la reorganización y la renovación puede nombrarse esa sombra y recuperarse el aspecto dorado que hay en ella.

En la práctica esto significa que en la vida religiosa hay que mirar de frente tanto a lo que funciona como a lo que no lo hace; hay que abandonar las expectativas que no sirven ni a las personas ni a la misión; hay que hacer aflorar a la superficie las necesidades reales; y los grupos dispuestos a arriesgarse a continuar experimentando la vida conjunta han de descubrir nuevos símbolos y nuevos ritos.

---

4.   Véase el análisis de David HASSEL en *Healing the Ache of Alienation*, Paulist Press, New York 1990.

Más allá de los enclaves

Aun cuando durante la renovación han surgido nuevos estilos de comunidad, el vínculo que los mantiene unidos es débil. Algunos grupos se han formado en plena huida. Al escapar de una vida hiper-institucionalizada, los religiosos buscaban lo que se les negaba en el grupo de mayores dimensiones. El consenso respecto de las distracciones comunes, las comidas juntos, el mantenimiento de la casa y la hospitalidad resultó ser un alivio muy bienvenido en la lucha constante sobre esos aspectos básicos de la vida cotidiana.

Sin embargo, después de algunos años de vida conjunta, las personas suscitan la cuestión de en qué difiere su vida conjunta como religiosos de la de un grupo de personas que comparten un piso y viven unas vidas profesionales independientes. No se trata de una cuestión nueva en la Iglesia. San Agustín comentó en cierta ocasión que incluso una banda de ladrones constituía una comunidad, pues poseían un modo de organizar sus vidas, repartir sus ganancias y desenvolverse como grupo. Obviamente, en la vida religiosa buscamos algo más.

Para fortalecer el vínculo de comunidad, la vida comunitaria tiene que fundamentarse en una nueva imagen. En el pasado, las comunidades se daban por sobreentendidas porque estaban ligadas a unos ministerios visibles, pero ya no es así. Y una vinculación negativa, basada en aquello de lo que se ha huido en las situaciones estructuradas, no es suficiente. El vínculo de la amistad voluntaria, por hermoso que sea, carece de la fluidez y la inclusividad de la comunidad religiosa. Lo que se necesita hoy es nuevos símbolos y ritos a los que vincular los símbolos de la fe para vivificar el sentido de comunidad.

Nuevos ritos y símbolos

Los grupos no han encontrado modos de reincorporar los símbolos y ritos de la fe comunes, que formaban parte de la antigua estructura institucional, a los nuevos estilos de vida comunitaria, de modo que la fe ha sido personalizada y privatizada, mientras que la comunidad se ha formado en torno a unas necesidades decididas en común. Los religiosos, sin embargo, tienen que saber qué los une más allá del consenso común. Y los símbolos y ritos de la fe comunes se lo hacen presente de manera constante.

El símbolo y el rito motivan a las personas a unirse como comunidad más que las convicciones intelectuales. Sin embargo, hoy los viejos ritos no son apropiados, y los nuevos aún no han sido creados. Los ritos institucionalizados en las comunidades religiosas del pasado estaban ligados a las nociones de familia extendida. Pero los miembros ya no piensan en su relación en esos términos. El superior ya no es visto como la madre o el padre de una familia que dirige las oraciones antes de las comidas o recibe la renovación de las promesas bautismales en un aniversario. En el pasado, los ritos reflejaban también un mundo estratificado que era imagen del aspecto jerárquico de la Iglesia. Los lugares en las capillas de los conventos o monasterios se ordenaban de acuerdo con la fecha de entrada. Pero las comunidades religiosas ya no funcionan de ese modo.

A medida que se fueron abandonando las formas de autointerpretación, también se fueron abandonando los ritos. Sin embargo, puede que las comunidades asocien las tradiciones de curación, vinculación, perdón y fe compartida con los modelos del pasado. Los nuevos modos de vivir la comunidad originaban nuevos tipos de «ritos», pero éstos no tenían una naturaleza ritualizada o repetitiva, sino que, en lugar de reiterarse con regularidad, lo habitual era que se experimentase con nuevas formas de oración y que se incluyera una gran diversidad de experiencias.

Para los miembros de una congregación, los símbolos y los ritos constituyen una segunda historia que da sentido a sus historias personales. A través de los símbolos responden la pregunta acerca de qué diferencia la pertenencia a ese grupo de la no pertenencia. Las creencias comunes se ritualizan de un modo que recuerda a los miembros el sentido de lo que los mantiene unidos. Los ritos de fe ayudan a configurar la comunidad de tal modo que los miembros puedan identificar en qué difiere su vida juntos de la de un grupo de profesionales que comparten los gastos.

Los individuos pueden experimentar una sensación de bienestar en un grupo por las preferencias que comparten. Pero, después de un tiempo, dejan de encontrarle sentido al grupo. Sin símbolos y ritos compartidos, la base de la vida comunitaria no es transpersonal, el grupo no va más allá de sí mismo y la vida conjunta no es mutuamente evangelizadora. Vivimos en un mundo en el que las personas tienen diversas, e incluso contrapuestas, visiones del mismo. Sin ritos y símbolos de la fe comunes, los individuos no podrán encontrar en la vida comunitaria un sistema de significado alternativo que los vivifique continuamente.

¿Por qué no ha ocurrido esto en las comunidades? En algunos casos, cualquier cosa repetitiva o tradicional se consideraba divorciada de la nueva cultura de mayor identificación con la sociedad secular. En otros casos, la adopción de nuevos símbolos en sintonía con la cultura era tan intensa que se institucionalizaba otro sistema de creencias: una forma de secularismo.

Los religiosos crearon también ritos privadamente acordes con las preferencias individuales. Otros reemplazaron la tradición por una pseudo-tradición de cómo eran las cosas o de cómo deseaban recordarlas. Los ritos y los símbolos se utilizaban para suscitar la nostalgia común, no una visión compartida que apoyara la interacción con la cultura actual.

Los símbolos se adoptaban basándose en aquello a
lo que habían sobrevivido juntos. El recuerdo de esas
historias se convirtió en rito[5]. Sin embargo, si esto es
simplemente lo que ocurre en una comunidad, la atmósfera es impenetrable a los contra-símbolos o las
nuevas experiencias. Esto configura (independientemente de la edad) una mentalidad nostálgica en la congregación, y entonces la comunidad se convierte en un
enclave. Entre sus miembros hay un acuerdo tácito de
no invertir energía en la creación de un futuro común,
sino limitarse a continuar como están. Aunque pueden
necesitar unos cuantos años antes de ser conscientes
de esta realidad, los nuevos miembros se alejarán
entristecidos cuando descubran el verdadero consenso
sobre el que está construida la comunidad activa.

Aun cuando no existen los símbolos pre-confec-
cionados, sí hay algunas direcciones que las congregaciones pueden seguir para examinar este aspecto
de su vida. En primer lugar, pueden analizar sus pautas de conducta comunitarias actuales e identificar los
símbolos comunes que ya han intentado reinstituir. En
segundo lugar, las comunidades y los grupos de apoyo
pueden reflexionar, no sobre los símbolos que «deberían» emplear, sino sobre los que realmente quieren
utilizar. En tercer lugar, las congregaciones, especialmente las femeninas, pueden reflexionar sobre el papel de la vida sacramental en su vida colectiva. Pueden
abordar el alejamiento que actualmente experimentan
algunos miembros respecto de los sacramentos debido
a la negativa a la ordenación de las mujeres. Pueden
ensayar caminos constructivos para seguir participan-
do en la vida sacramental y en la oración litúrgica
de la Iglesia. Y los grupos tantos femeninos como
masculinos pueden examinar la inclusividad de su oración y las relaciones de género que su oración pública
simboliza.

---

5.   Mary Jo LEDDY, «Beyond the Liberal Model», *op. cit.,* p. 46.

Finalmente, los nuevos símbolos y ritos de fe no pueden utilizarse al margen de la auténtica vida. Los nuevos ritos no son la respuesta a la renovación de la vida comunitaria. Necesitamos caer en la cuenta de que los miembros de una congregación religiosa pueden estar comprometidos, aunque su testimonio no logre conectar con la siguiente generación, a la que los nuevos símbolos y ritos deben ser capaces de transmitir sus valores. Un factor clave en esa transmisión es un sentido holístico de la propia comunidad. Y es precisamente hacia las características del sentido de comunidad hacia donde orientaremos ahora nuestra atención.

13
Hacia una comunidad transformadora

La experiencia religiosa central para el cristianismo es la de ser amado por un Dios personal, y la vida comunitaria tiene como objetivo dar testimonio de esa experiencia. Pero hoy dicha vida se encuentra inmersa en una crisis, por la indefinición de cómo vivir comunitariamente en un mundo secular. La vida moderna milita en contra de las formas comunitarias de vida. Una sociedad competitiva, individualista y móvil dificulta la formación de la comunidad.

Sin embargo, la vida comunitaria tiene un lugar incluso en esta nueva situación. Hoy, los religiosos están inmersos en unos ministerios cuyas tensiones reflejan las complejidades de la sociedad actual. ¿Qué papel tiene la vida comunitaria en esta nueva situación ministerial? Puede ser útil pensar en la comunidad como un momento de un ciclo vital en el que el ministerio y la comunidad se encuentran en un equilibrio interactivo.

La inserción en el ministerio

Al igual que en la Iglesia, la misión determina la estructura de una comunidad religiosa. El compromiso con la misión es el primer paso del ciclo vital de la vida religiosa, dado que el ministerio expresa el amor a Dios y al pueblo de Dios que fundamenta la vida religiosa.

La experiencia del ministerio, sin embargo, sitúa a los religiosos de inmediato en unas estructuras que suelen ser hostiles a los valores de la vida evangélica. El ministerio tiene lugar en una orden o profesión clara y jerárquica, con todas sus tensiones y compromisos. Las fuerzas que actúan en contra de los valores del Reino afectan a todas las decisiones ministeriales y hacen sentir sus efectos sobre las energías de los religiosos[1].

Los miembros de las comunidades religiosas experimentan el hecho de que las estructuras puedan bloquear o promover sus iniciativas de manera imprevisible. Los sistemas organizativos pueden distorsionar el proyecto inicial hasta el punto de dejarlo irreconocible. Los religiosos pueden sentirse impotentes cuando las necesidades y los problemas que encuentran en su ministerio se les escapan de las manos. Las personas y los acontecimientos pueden parecer objetos arrastrados velozmente por la corriente del río y que se encuentran fuera del alcance de la intervención ministerial. Adentrarse en un ministerio crea una necesidad de apoyo, análisis y visión.

---

1. Estos tipos de represiones societales se analizan en Herbert Marcuse, *Eros and Civilization,* Beacon Press, Boston 1966, pp. 37ss. y 87ss (trad. cast.: *Eros y civilización,* Ariel, Barcelona 1981[2]). Véase también Reinhold Niebuhr, *Moral Man and Immoral Society,* Charles Scribner's Sons, New York 1932. Para las manifestaciones culturales, véase Virgil Elizondo, *Galilean Journey: The Mexican-American Promise,* Orbis, New York 1985; Allan Boesak, *Wlking on Thorns: The Call to Christian Obedience,* William B. Eermanns, Grand Rapids, Mich., 1984; Madonna Kolbenschlag, *Lost in the Land of Oz,* op. cit.; James Cone, *Speaking the Truth,* op. cit.; Susan Brooks Thistlewaite y Mary Potter Engels (ed.), *Lift Every Voice: Constructing Christian Theologies from the Underside,* Harper & Row, San Francisco 1990.

La vida comunitaria

La vida comunitaria tiene el potencial de crear tanto una liminaridad –una ruptura de los límites que se experimentan en el ministerio– como una experiencia del Absoluto que fundamenta la vida y el amor. La comunidad constituye el segundo momento del ciclo vital de los religiosos.

En los Hechos de los Apóstoles se dice de las primeras comunidades que tenían «todas las cosas en común». No es seguro que este ideal se hiciera plenamente realidad, como vemos en el pasaje de Ananías y Safira. Sin embargo, esta imagen proporciona un ejemplo de la experiencia-contraste de la vida comunitaria. (Hch 5,1). La visión cristiana cambiaba la vida cotidiana y creaba una experiencia-contraste que proporcionaba esperanza y orientación.

Gracias a la vida comunitaria, los religiosos aprenden el significado de su congregación. A través del modo de vivir la comunidad y defender los valores en sus códigos, ritos y pautas de actuación, descubren la visión evangélica que se encuentra en el núcleo de su congregación. Los medios para crecer en dichos valores pueden encontrarse en la comunidad, puesto que la visión y la disciplina de la vida evangélica se experimentan cotidianamente. La comunidad es el modelo social visible en el que el modo de vida de la congregación puede ser observado, evaluado con respecto a otros y seleccionado como una manera de vivir. Como parte de la manera de llevar a las personas hacia Dios propia de la vida religiosa, la vida comunitaria constituye un aspecto central de la vocación religiosa[2].

---

2.   Aloysius Pieris, *An Asian Theology of Liberation*, Orbis Books, New York 1988, p. 53.

Reflexión

El ciclo vital de los religiosos incluye también la reflexión orante. Además de la oración personal de sus miembros, una comunidad necesita interpretar sus propios textos, así como la Escritura, de un modo que tenga significado en sus vidas. La hermenéutica es la ciencia que establece el modo y los criterios para interpretar un texto. Cuando una comunidad reflexiona colectivamente sobre el Evangelio y sobre sus constituciones, emprende una tarea hermenéutica.

La Escritura y los textos de la congregación sólo pueden ser interpretados por una comunidad viva, pues no se trata de una tarea únicamente para los individuos. Sólo a través de una religiosidad común se desentraña la pertinencia de los textos en una nueva situación y una nueva época. En otras palabras, únicamente la vivencia auténtica hace posible interpretar los textos de la comunidad[3]. La fuente de la renovación, en la Iglesia y en las comunidades religiosas, no se encuentra en la filosofía ni en la especulación teológica, sino únicamente en el análisis. Brota de una religiosidad comunitaria que vive auténticamente una llamada carismática en relación con las necesidades reales.

Dado que la comunidad viva constituye la base de la interpretación de los textos de la congregación y de la Escritura, es importante la calidad de la vivencia comunitaria[4]. Las oraciones, los ritos y las pautas de

---

3. David Tracy, «Hermeneutical Reflections in the New Paradigm», en (Hans Küng y David Tracy, [eds.]) *Paradigm Change in Theology,* Crossroads, New York 1989, pp. 34-62.
4. Para una reflexión sobre las características de esta religiosidad en el futuro, véase: «Transformative Elements in Religious Life», ponencia inédita de la «Convention of the Leadership Conference of Women Religious», agosto de 1989. Para reflexionar sobre la influencia de la comunidad y del contexto en la interpretación de los textos, véase Regis Duffy, «Symbols of Abundance, Symbols of Need», en (Mark Searle [ed.]) *Liturgy and Social Justice,* The Liturgical Press, Collegeville 1980;

actuación, que expresan el compromiso recíproco de los miembros, así como el que mantienen con los ideales comunes, son esenciales para hacer de la comunidad una realidad viva en lugar de un ideal ansiado. La llamada a un estilo de vida sencillo, a la comunicación intergeneracional y multicultural, a la conciencia global, a la solidaridad con los pobres y a un enfoque contemplativo de la vida marca las especiales características de la religiosidad de una auténtica vida comunitaria, en la que estos valores se expresan de una manera pública que puede observarse en la iglesia local y en la comunidad ciudadana.

La vida comunitaria es necesaria también para el análisis continuo de la experiencia ministerial. Aunque el análisis social es importante, no basta con la interpretación de las relaciones sociales, políticas y económicas[5]. Al compartir la fe, los religiosos exploran la calidad de sus relaciones y las realidades globales, e idean alternativas y las sopesan a la luz del Evangelio[6]. Las comunidades no reemplazan el análisis por la fe, sino que permiten que la fe informe el análisis, a fin de que la mente y el corazón alcancen nuevas posibilidades[7].

La vida comunitaria, como lugar en el que se interpreta el carisma, pone en cuestión la creencia en que hay una incompatibilidad básica entre personas que no comparten ni la edad, la etnia, la clase, la raza o el género, ni los antecedentes culturales. En contraposición, el Evangelio hace que esa compatibilidad entre

Segundo GALILEA, *Following Jesus,* Maryknoll, New York 1985; y Sandra SCHNEIDERS, «The Effects of Women's Experience on Their Spirituality», en (Joann Wolski [ed.]) *Women's Spirituality,* Paulist Press, New York 1986.

5. Véase Max STACKHOUSE, *Public Theology and Political Economy: Christian Stewardship in Modern Society,* William B. Eerdmans, Grand Rapids, Mich., 1987).

6. Philip S. KEANE, *Christian Ethics and the Imagination,* Paulist Press, Ramsey 1984.

7. Johannes METZ, analiza este aspecto en su tratamiento de la «narrativa» en *Faith in History and Society,* op. cit.

los miembros de la comunidad sea no sólo posible –aunque difícil–, sino esencial para oír la palabra de Dios. Cuando las comunidades luchan por conciliar sus diferencias ideológicas y encontrar nuevos modo de interpretar sus vidas hoy, ponen de manifiesto el Evangelio que las inspira.

Un modo de vida contemplativo

Con la ayuda de la comunidad se es más capaz de verse a uno mismo y ver a los demás como seres humanos en contacto con el Absoluto, incluso en medio de la oscuridad de las contradicciones de la vida ministerial. Este modo de vida contemplativo en el mundo caracteriza el cuarto momento del ciclo vital de los religiosos[8].

En el nivel práctico, la intuición obtenida de la contemplación puede constituir una motivación para la planificación ministerial. La contemplación puede llevar a los religiosos a tratar de encontrar nuevos medios de salvar la distancia entre lo que debería ser y lo que realmente es. La intuición obtenida en la contemplación puede también ayudar a crear una visión común que unifique a quienes, a primera vista, pueden parecer distintos e inconexos. Una comunidad celebra su modo de vida contemplativo en el culto público, en el que a lo que parece ordinario se le da su propia perspectiva como lugar de la intervención de Dios. Cuando el misticismo fluye de una comunidad viva, la visión contemplativa de sus miembros puede dar al ministerio de la congregación un impulso político y público[9].

---

8. Véase, por ejemplo, Thomas H. GREEN, *Darkness in the Marketplace,* Ave Maria Press, Notre Dame 1981; y John VELTRI, *Orientations,* vol. I, Loyola House, Guelph, Ontario 1983.
9. Gustavo GUTIÉRREZ, «Liberation, Theology and Proclamation», en (Claude Greffe y G. Gutiérrez [eds.]) *The Mystical and*

El proceso continuo

El ministerio, la comunidad, la reflexión y la contemplación en la acción son los cuatro momentos que completan el ciclo vital de los religiosos, pero sólo momentáneamente. Muy pronto la visión se desdibuja. Los conflictos, la mutabilidad de las relaciones y los cambios en las necesidades sumen de nuevo a los religiosos en el primer momento de reinserción ministerial. En un nivel, esto es algo que sucede diariamente; en otro, en los momentos de transición ministerial. Como el ciclo continúa, los religiosos experimentan su vocación en evolución gracias al apoyo que les presta su comunidad y al reto que les plantea. Aunque todos los cristianos comparten con los religiosos todas las fases de este ciclo, es el aspecto comunitario el que es específicamente distintivo de su vocación. Los religiosos experimentan la liminaridad de la vida a través de la oración, el ministerio, la naturaleza, la amistad, el arte y los talentos personales. No obstante, la experiencia de comunidad consiste en unificar estos aspectos y darles un contexto.

Aunque en la actualidad hay una gran diversidad de modos de que los religiosos construyan la comunidad y participen en su formación, la vida como congregación y los centros de vida locales son esenciales como signos visibles de que existe una actividad comunitaria en algún lugar. A cuantos están en misión y viven solos, estos centros puede proporcionarles una base donde confraternizar con quienes profesan su misma visión congregacional. Los centros de vida locales pueden ser también parte de una red de «comunidades» que no son grupos de vida locales, sino que se han formado en torno al interés por compartir el carisma de la congregación como un marco interpretativo para el ministerio laico.

Political Dimension of Christian Faith, Herder and Herder, New York 1974, pp. 57-77.

Características de una comunidad

Las comunidades capaces de ir más allá de la actual fase de transición de la vida comunitaria se distinguirán por tres características. Serán orgánicas, participativas y discernidoras.

Orgánicas

Las comunidades brotan de la misión. En contraste con los grupos constituidos en torno a un interés especial, la comunidad obtiene su poder vinculador de una misión común en la iglesia local. No es habitual que todos los miembros de una comunidad local compartan el mismo trabajo; hoy es algo poco común. Sin embargo, las comunidades y los miembros de las mismas que viven en una zona concreta pueden desarrollar una perspectiva ministerial que vincule los ministerios individuales de los miembros con un sentido del carisma y de la misión comunitarios.

El concepto de iglesia local constituye un recurso sumamente rico para la formación de la comunidad religiosa. La iglesia local puede ser un grupo basado en una parroquia, una diócesis o una zona geográfica[10]. Los miembros que tienen ministerios que no están bajo los auspicios de un grupo eclesial también sirven a la iglesia local, del mismo modo que la Iglesia universal sirve al mundo de modos no asociados directamente con las instituciones religiosas formales.

La relación orgánica con una misión particular fortalece los vínculos de la vida comunitaria, porque la vida comunitaria se vive en la misión, no en un enclave de estilo de vida separado de la vida ordinaria. Como miembros de otras comunidades, los religiosos construyen comunidad compartiendo en grupos orgánicos la vida ordinaria: parroquias, barrios, redes co-

---

10. Algunas de las riquezas de este sentido de la Iglesia se analizan en Robrecht MICHIELS, «The Self-Understanding of the Church after Vatican II»: *Louvain Studies* 14 (1989) 83-107.

munitarias, áreas geográficas, grupos de inmigrantes, campos de refugiados, complejos para ancianos, reservas indias, urbanizaciones, universidades, hospitales, refugios...; todas estas comunidades vivas poseen una vida propia que los religiosos comparten.

La vida comunitaria orgánica difiere de un estilo de vida comunitario basado en un vago sentido de comunidad espiritual que no es real en la vida frente a frente. Los religiosos pueden tener una visión orgánica de la comunidad y reconocer que la implicación en la misma tiene sus propios ritmos a lo largo de un ciclo vital. En distintos momentos de la vida, la oportunidad, la necesidad o el deseo de vivir en comunidad pueden diferir; sin embargo, a largo plazo, la vocación del religioso/a es esencialmente comunitaria, y algún tipo de vida comunitaria orgánica constituye la base de su estilo de vida.

Participativas

Las comunidades transformadoras necesitan de otras comunidades, incluida la Iglesia en su conjunto, para sobrevivir y sentirse bien. Y esto es hoy muy difícil de lograr, porque algunos religiosos se sienten distanciados de los miembros de su propia comunidad o de la Iglesia. Sin embargo, la separación necesaria para llegar a una comprensión del distanciamiento no es una postura permanente en una comunidad transformadora. Los grupos alejados que viven separados unos de otros no tienen en la actualidad futuro a largo plazo. En una comunidad transformadora, los grupos superarán el estadio meramente curativo y buscarán nuevos modos de vivir corporativamente.

Las comunidades ponen de manifiesto su carácter participativo mediante la conciencia global comunitaria. En los últimos treinta años, los religiosos han tenido un punto de vista micro-ético. Muchos se han enfrentado a problemas psicológicos internos. La tradicional lucha contra los apegos desordenados, los instintos adquisitivos y las tendencias acumulativas se ha extendido a afrontar las debilidades de la propia estructura psicológica. Los religiosos se han beneficiado de estas dos dimensiones de la conversión.

Estas fuerzas internas, sin embargo, poseen también una naturaleza arquetípica[11]. «Mammón» no sólo se encuentra en el interior de las personas, sino que es un poder cósmico de principados y potestades que crea desigualdades e injusticias entre los seres humanos[12]. La batalla contra estas fuerzas tiene que entablarse en el nivel macro-ético de la política pública, la educación, la conciencia ecológica y la economía. La mayoría de las comunidades son conscientes de la importancia tanto de la conversión personal como de la social. Sin embargo, las comunidades transformadoras reconocen la necesidad de que otras comunidades las ayuden a pasar de un punto de vista interno a otro externo. El distanciamiento y el separatismo inadecuados son signo de falta de autenticidad.

Discernidoras

El discernimiento es la capacidad de saber cómo actúa Dios en la vida y, en consecuencia, cómo sopesar las decisiones. Las comunidades transformadoras disciernen; es decir, tienen la capacidad de utilizar muchos tipos de pensamiento y evaluación para responder a los problemas que afrontan y a las personas con las que caminan. Las comunidades transformadoras emplean sus cabezas y sus corazones. Son capaces de afrontar los desafíos del futuro sin caer en el aisla-

---

11. Véase, por ejemplo, la obra de la psicoanalista junguiana Marion WOODMAN, *Addiction to Perfection: The Still-Unravished Bride,* Inner City Books, Toronto 1982 (trad. cast.: *Adicción a la perfección,* Luciérnaga, Barcelona 1994); *The Pregnant Virgin: A Process of Psychological Transformation,* Inner City Books, Toronto 1985; y *The Ravaged Bridegroom,* Inner City Books, Toronto 1988.
12. Aloysius PIERIS, *Love Meets Wisdom,* op. cit., p. 91.

cionismo romántico o en la inoperatividad de la abstracción.

Las comunidades transformadoras se basan en un
buen conocimiento conceptual. El conocimiento conceptual es un conocimiento acerca de la realidad. Por
un lado, es el conocimiento de las principales discipli-
nas intelectuales y humanísticas; por otro, es el conocimiento de las normas, valores y estrategias para vivir
correctamente, que puede transmitirse de generación
en generación. La posesión de un conocimiento conceptual no hace actuar a las comunidades, sino que es
necesario el compromiso. Adquirir ese conocimiento,
sin embargo, es un primer paso hacia una respuesta
centrada en la realidad de hoy.

Una reciente investigación ha puesto de relieve
que las comunidades religiosas minimizan este aspecto de la vida. En las últimas décadas, el trabajo intelectual duro exigido para analizar la realidad fue reemplazado por una aproximación más superficial a los
temas complicados[13]. El anti-intelectualismo se ha desarrollado en las comunidades religiosas como reacción frente a la formación extremadamente conceptual
que algunos religiosos habían experimentado. Sin embargo, las comunidades transformadoras, cuando
afrontan decisiones serias, están superando esta tendencia y reafirmando su fundamentación tradicional
en una sólida vida intelectual.

Las comunidades transformadoras también recu-
rren al conocimiento evaluativo a la hora de discernir. El conocimiento conceptual y el evaluativo son
similares al razonamiento de los hemisferios cerebra-
les derecho e izquierdo. En contraposición al conocimiento conceptual, el conocimiento evaluativo consiste en saber el valor de una cuestión. Este tipo de conocimiento no se transmite fácilmente a través de declaraciones, fórmulas o reglas, sino que se aprende mediante la implicación personal y el testimonio recípro-

---

13. Estudio aún inédito.

co[14]. Un modo de que las comunidades transformadoras aprendan este tipo de discernimiento es permitir que quienes desempeñan sus ministerios planteen nuevas cuestiones a la comunidad, y ésta permita que dichas cuestiones la transformen.

¿Por qué es tan esencial el discernimiento para las comunidades del futuro? Las comunidades transformadoras criban los aspectos positivos y negativos de las ideologías, o de las visiones del mundo, imperantes hoy. Sin esta capacidad crítica, el pluralismo de la cultura –y, subsecuentemente, el pluralismo entre los miembros de la comunidad– hace imposible la vida comunitaria. No hay un consenso único proporcionado por la cultura en torno al cual pueda formarse la comunidad. En tal clima es fuerte la tentación de apoderarse de alguna visión del mundo o de algún movimiento e incorporarlo como centro de la comunidad.

Sin embargo, ningún movimiento, ya sea feminista, de concienciación religiosa, una religión de la «New Age» o un fundamentalismo religioso, es lo suficientemente fuerte para proporcionar identidad a una congregación. Sin un cuidadoso discernimiento de los movimientos societales y de su contribución a la misión y la vida de la congregación, o de su obstaculización de las mismas, no se forma ninguna visión comunitaria real en sintonía con la vida societal. Las comunidades transformadoras emplean este tipo de discernimiento en su planificación congregacional y alientan a sus miembros a aprender las habilidades necesarias para este tipo de reflexión.

El papel de la comunidad en el ciclo vital de los religiosos no ha quedado ciertamente agotado con estas reflexiones. Sin embargo, se ofrecen como punto de partida de un debate sobre el lugar que la comunidad tiene en nuestras vidas. Las cuatro características de una comunidad transformadora pueden ser aumen-

---

14. Timothy O'CONNELL, *Principles for a Catholic Morality*, op. cit., cap. 5.

tadas o criticadas. Puede que sean seis o únicamente dos. Algunos autores sugieren diversos paradigmas para la interpretación de nuestras vidas, pero todos creamos hogares y entornos donde crecer y prosperar. La renovación de la vida comunitaria no se logrará gracias a una impecable teoría o a un libro, sino que requerirá el esfuerzo de unos hombres y unas mujeres movidos por el amor y dispuestos a proseguir la búsqueda de nuevas formas de expresar este carisma especial de la Iglesia. Espero que estas reflexiones contribuyan en alguna medida a ello.

14
El coste de ser Iglesia

Muchas personas no comparten la fe en Jesucristo dentro de la comunidad eclesial. Se trata de personas que tienen fe en Dios; sin embargo, experimentan la Iglesia como un obstáculo para la fe. Esta ambivalencia respecto de la Iglesia está también presente en algunos religiosos y la expresan con afirmaciones de este tipo: «Puedo pertenecer a mi congregación; pero respecto de la Iglesia católica no estoy tan seguro. Es sexista, elitista, burocrática y, en general, me decepciona».

El cuestionamiento de la relación entre los religiosos y la Iglesia abunda hoy en las congregaciones. Todos conocemos religiosos que están distanciados de la Iglesia y escuchamos sus historias de unos sentimientos divididos entre la Iglesia oficial y sus miembros. Cuando la Iglesia se debate con los problemas que le plantea la autoridad, la sexualidad, el divorcio y el segundo matrimonio, la rectitud sacerdotal y el sexismo, los religiosos se encuentran en medio de ese dolor. También reconocemos que algunos religiosos tienen una relación ambivalente con la Iglesia. Han tenido muchas nuevas experiencias, pero no han encontrado el camino para integrarlas en su identidad dentro de la misma. Así pues, persiste hoy entre los religiosos la cuestión de qué significa pertenecer a la Iglesia. ¿Pertenezco yo? ¿Cuál es mi papel?

Los religiosos se cuestionan la relación con la Iglesia a propósito también de los problemas prácticos y ministeriales. Se preguntan si el ministerio tiene que tener algo que ver con la Iglesia. ¿Qué relación tienen los votos con el ministerio?; ¿podríamos desempeñar nuestro ministerio sin los votos y sin la Iglesia?; ¿cómo evaluamos el auténtico ministerio en nuestra congregación?; ¿seguimos desempeñando un servicio como congregación?; ¿cuál es el enfoque de nuestro ministerio?; ¿qué esperamos realizar mediante él?

Estas cuestiones tienen unas ramificaciones personales que ninguna teoría puede abordar y exigen una respuesta de fe informada. Del mismo modo que Jesús preguntó en cierta ocasión a los apóstoles: «¿Quién decís vosotros que soy yo?», los religiosos de hoy tienen que preguntarse: «¿Qué es la Iglesia para mí y para nosotros como comunidad?». La búsqueda de una fe renovada en la Iglesia, frente a las ambigüedades de la pertenencia actual, es ineludible. Un modo de que los religiosos emprendan dicha búsqueda consiste en reflexionar sobre el sentido de su ministerio en la Iglesia.

En este capítulo nos haremos tres preguntas que conciernen a las relaciones actuales entre la Iglesia y el ministerio. ¿Cómo se ve la Iglesia a sí misma en su condición de ministro?; ¿es la Iglesia necesaria para ejercer el ministerio?; y ¿cuál es la relación entre la Iglesia y el ministerio de los religiosos?

1. ¿Cómo se ve la Iglesia a sí misma en cuanto ministro?

Los numerosos rostros de la búsqueda de la salvación

Muchas personas ansían el misterio que subyace al corazón de la Iglesia para dar sentido a sus vidas[1]. Buscan plenitud o salvación. Los cristianos reconocen que la búsqueda de sentido es la búsqueda de la salva-

---

1. La introducción a la Pastoral Económica de los Obispos *(op. cit.)* es un buen ejemplo del tipo de necesidades al que se consagra hoy el ministerio.

ción frente al pecado, pero en la actualidad hay muchos lenguajes para expresar esa búsqueda.

Nosotros muy raramente llamamos a nuestra búsqueda humana «búsqueda de la salvación», sino que expresamos ese deseo mediante otras manifestaciones del mismo[2]. Los individuos luchan por renacer frente a la muerte en una sociedad en la que la tecnología médica y la edad se incrementan constantemente. Ansían justicia ante la injusticia, y la experiencia religiosa, para ellos, se centra en trabajar por el cambio social o en superar la alienación impuesta por las estructuras injustas.

Otros buscan curación ante la enfermedad en sus formas físicas y psíquicas. Gran parte de su energía se gasta tratando de interpretar su experiencia y de superar sus limitaciones. Algunos, inconscientemente, ansían sentido en lugar de caos. Pasan de un sistema de significado a otro para organizar sus vidas y aprender nuevas habilidades vitales. Muchos ministerios de las congregaciones religiosas tienen relación con alguna forma de esta búsqueda de salvación.

Cuando participan en esos ministerios, los religiosos se preguntan qué es la Iglesia frente a las preguntas que las personas hacen. ¿Quiénes y qué están incluidos en el ámbito de atención de la Iglesia? Algunos religiosos tienen la sensación de que las personas con las que entran en contacto en el ministerio escapan a la atención de la Iglesia. Su eclesiología y su experiencia ministerial están en tensión.

El cambio en la auto-interpretación de la Iglesia

Los religiosos experimentan un desfase entre su experiencia ministerial y la imagen de la Iglesia que se han formado a lo largo de los años. Los cambios teológicos desde el concilio Vaticano II han aumentado el des-

---

2. Roger HAIGHT, «Salvation in Liberation Theology»: *The Ecumenist* (enero-febrero, 1988) 17-21.

fase en opinión de algunos. El Vaticano I afirmó que fuera de la Iglesia no hay salvación[3], lo que estrechó un tanto el ámbito del ministerio eclesial, que se redujo principalmente a lo sacramental y se orientó hacia los católicos. Cuando los religiosos emprendían ese tipo de ministerio, lo veían centrado en la Iglesia; cuando no se dedicaba a él, la relación con la Iglesia no estaba clara.

El Vaticano II modificó la perspectiva del Vaticano I. Afirmó que la gracia de la redención de Cristo no se encuentra tan sólo en la Iglesia católica, sino que subsiste o reside en ella de un modo singular[4]. La interpretación de la Iglesia del Vaticano II no hacía hincapié en una Iglesia triunfante, sino en una Iglesia que confía su santidad al Espíritu. La identidad más profunda de la Iglesia reside no en su éxito, sino en el don del Espíritu[5]. El Concilio nos recuerda que la vida del Espíritu se da también en el mundo, no sólo en la Iglesia.

El Vaticano II hizo hincapié en una Iglesia en misión. Mediante el don de Dios, la Iglesia tiene la gracia de reconocer al Espíritu en otros lugares[6]. La plenitud de la gracia de la redención de Cristo no sólo se encuentra en la Iglesia católica, sino en la Iglesia de Cristo, en el sentido de comunión de todos los creyentes. La Iglesia del Vaticano II está en misión con todas las personas de buena voluntad.

---

3. Avery DULLES, *The Catholicity of the Church*, Clarendon Press, Oxford 1985, pp. 15-21.
4. *Lumen gentium* 8. «Esta Iglesia, constituida y ordenada en este mundo como una sociedad, permanece en la Iglesia católica, gobernada por el sucesor de Pedro y por los Obispos en comunión con él, aunque puedan encontrarse fuera de ella muchos elementos de santificación y de verdad». *Documentos de concilio Vaticano II*, Sal Terrae, Santander 1966.
5. *Ibid.*, 7.
6. Avery DULLES, «Authority and Conscience», en (Charles E. Curran y Richard A. McCormick, SJ) *Readings in Moral Theology*, n. 6: *Dissent in the Church*, Paulist Press, New York 1988, pp. 100-101. Véase también *Gaudium et Spes*, 40.

La Iglesia del Vaticano II reconoció que la gracia existía más allá de sus fronteras. La gracia de Cristo opera en todas las personas de buena voluntad, llamándolas a la salvación y disponiéndolas a aceptar el Evangelio cuando oigan proclamarlo de manera que ellas puedan escucharlo[7]. La definición de la Iglesia del Vaticano II es mucho más amplia que la del Vaticano I; en consecuencia, la interpretación que hace la Iglesia de su ministerio es también de mayor alcance. Los religiosos necesitan hoy integrar las interpretaciones de la Iglesia del Vaticano II con su experiencia ministerial.

Todas las preocupaciones y luchas de la comunidad humana son ámbitos adecuados para el ministerio de la Iglesia[8]. Aunque la mayor parte de los religiosos conocen la teología del Vaticano II, se trata de una teología que no siempre ha calado en las actitudes más profundas respecto de la Iglesia. Con frecuencia esas actitudes proceden, no de la teología, sino de la decepción y el conflicto en el ministerio.

Sin embargo, si los religiosos viven en un estado de distanciamiento de la Iglesia, es sumamente lamentable. Junto con la Iglesia, en su ministerio, los religiosos son un signo de que la vida tiene sentido y de que en ella hay una dirección[9]. Actuando en nombre de la Iglesia, los religiosos extienden su ministerio a nuevos lugares. En las tareas no sacramentales, con quienes no son miembros de la Iglesia, los religiosos son a veces los primeros en ejercer el ministerio en nombre de la misma. A pesar de ello, algunos religiosos se siguen preguntando hoy si la Iglesia es necesaria para el ministerio de los religiosos.

---

7. Avery DULLES, *The Catholicity of the Church*, op. cit., pp. 20-21. Véase también *Lumen gentium*, nn. 8, 9, 13 y 16-17.
8. *Gaudium et Spes*, 4. *Documentos de concilio Vaticano II*, Sal Terrae, Santander 1966.
9. Gustavo GUTIÉRREZ, *A Theology of Liberation*, op. cit., pp. 101-131.

2. ¿Es necesaria la Iglesia para desempeñar el ministerio?

Desde la Ilustración, las personas han recelado de la Iglesia como lugar en el que depositar su confianza para encontrar a Dios y recibir ayuda para resolver sus problemas vitales. Algunos religiosos experimentan un distanciamiento similar. En el pasado, las personas depositaban su confianza en la razón pura o en la ciencia en lugar de en la Iglesia. La filosofía o la ciencia se convirtieron en el punto de contacto con lo misterioso o inaprehensible de sus vidas. Las personas abandonaron la religión o las prácticas asociadas con una comunidad o creencia, pues creían que bastaba con la virtud para llevar una vida correcta y que la virtud podía ser practicada al margen de cualquier grupo religioso[10].

Otros rechazaban la Iglesia jerárquica que se desarrolló después de la Reforma. Veían a la Iglesia actuando de manera legalista y otorgando autoridad divina a las regulaciones e instituciones humanas. Las personas sospechaban de las reglas y se volvían a la mera Escritura en su búsqueda de orientación ética. Abandonaban la práctica sacramental y la comunidad de fe. Profesaban lo que denominaban una religión puramente bíblica, que parecía no tener los peligros de la religión organizada[11]. Hoy vemos muestras de esa actitud en algunas formas de fundamentalismo.

Algunos grupos tuvieron problemas por los cambios en la Iglesia. Afirmaban que la auténtica Iglesia es la Iglesia primitiva, y que las estructuras y los cambios posteriores carecen de autenticidad. Otros canonizaban el presente y el futuro de la Iglesia y despreciaban el pasado[12]. Una reacción contemporánea en la

---

10. Ésta es la postura de los racionalistas. Patrick GRANFIELD, «The Church as *Societas Perfectae* in the Schemata of Vatican I»: *Church History* 46 (1979) 436.
11. Avery DULLES, *The Catholicity of the Church*, op. cit., pp. 16-18.
12. *Ibid.*, p. 98.

Iglesia es la postura post-cristiana, para la cual el período del cristianismo institucional está llegando a su
fin y está a punto de ser reemplazado por una era del
Espíritu en la que todos los individuos serán guiados
interiormente, sin necesidad de una autoridad externa[13]. La religión se reduce a unos sentimientos internos del individuo ante Dios, sin necesidad de una
estructura eclesial[14].

Una última tendencia es el otro extremo. En lugar
del rechazo de la Iglesia, algunos afirman que ésta no
tiene debilidades en absoluto. En este caso, las personas otorgan a las estructuras humanas de la Iglesia una
característica divina que exagera el misterio inherente
a ella. Esta tendencia fue fomentada por la catequesis
en torno a la Iglesia como *sociedad perfecta.* La Iglesia se interpretó a sí misma de este modo después de
la Reforma y hasta el Vaticano II[15]. Apologética en su
tono, la imagen de la Iglesia como una sociedad perfecta era un intento de hacer frente a las amenazas reales o imaginarias a la Iglesia durante aquellos turbu-
lentos tiempos[16].

Contra cuantos apuntaban los fallos de la Iglesia y
decían que no contaba para nada, ésta contraatacaba
diciendo que ella estaba al margen de las vicisitudes
de otros grupos, pues era una sociedad jurídica de creyentes perfecta, instituida por Cristo con una jerarquía
papal y episcopal. El misterio de la Iglesia y su presencia humana se confundían, y se insistía excesivamente en su dimensión institucional. En orden a forta-

---

13. *Ibid.,* p. 99.
14. Robert BELLAH, *Habits of the Heart,* op. cit., pp. 233-234
    y 245-246.
15. Pedro Canisio y Roberto Belarmino fueron los primeros en defi-
    nir a la Iglesia fundamentalmente en términos institucionales,
    poniendo el acento en la jerarquía establecida por la divinidad.
    Para un análisis de ello, véase Richard P. MCBRIEN, *The
    Remaining of the Church,* Harper & Row, New York 1973, espe-
    cialmente pp. 5, 47, 76, 121 y 122.
16. P. GRANFIELD, «Church as *Societas Perfectae*», *op. cit.,*
    pp. 445ss.

lecer la imagen de la Iglesia, ésta era comparada con un Estado y denominada «sociedad jurídica».

La insistencia en la inmutabilidad, la indefectibilidad y la visibilidad de la Iglesia, junto a la imagen de ésta como institución análoga a un Estado, ponían de manifiesto la falta de equilibrio entre la Iglesia como realidad jurídica y la Iglesia como comunidad que cree en Jesucristo. Las ramificaciones de este desequilibrio se siguen percibiendo hoy cuando los religiosos se irritan ante el lenguaje canónico y la dimensión institucional de la Iglesia. Esta actitud es la que genera en parte la cuestión de si la Iglesia es necesaria para el ministerio.

Si los religiosos examinan sus congregaciones, descubrirán que todas las actitudes históricas hacia la Iglesia que hemos mencionado anteriormente existen en sus comunidades. Muchos se sienten molestos con una Iglesia hiperinstitucionalizada. Para otros, la Iglesia es una sociedad perfecta. Sin embargo, la mayoría de los religiosos tienen la sensación consciente o inconsciente de que la Iglesia es al mismo tiempo una institución y un misterio. La Iglesia es más que una vaga unión espiritual. Sin embargo, para deshacer el desequilibrio creado por la reciente historia de la Iglesia, la Iglesia del futuro necesita ser una institución en la que al carisma y a la identidad jurídica se les otorguen roles más equilibrados.

Las dificultades con la institución eclesial de muchos religiosos provienen de tener demasiadas experiencias de su rostro distante e institucional, en lugar de haberlas tenido de su rostro dinámico y carismático. Cuando los religiosos se auto-examinan, descubren también que en ocasiones ellos contribuyen a su propio distanciamiento. Sin embargo, para responder la pregunta de si necesitamos la Iglesia para el ministerio, los religiosos tenemos que reconectar con un sano sentido de la Iglesia, en lugar de centrarnos únicamente en sus defectos y debilidades.

Asumir un lugar en la Iglesia

La Iglesia no es una mera organización humana relacionada con Dios como objeto. Si lo fuera, la cuestión
de abandonarla o no podría resolverse evaluando su
eficacia en su condición de grupo relacionado con
Dios e interesado por él. Si la Iglesia fuera eficaz, los
religiosos permanecerían en ella; si no lo fuera, la
abandonarían. Pero la cuestión no es tan simple.

Los cristianos creen que Jesucristo es quien actúa
en el ministerio de la Iglesia[17]. Todo ministerio de la
Iglesia es una continuación del ministerio de Jesucristo. Mediante el bautismo y la confirmación asumi-
mos la vida de Jesús como centro de la nuestra y reci-
bimos el Espíritu de Jesús para actuar imitando su estilo de vida en la comunidad de los creyentes y en el
mundo[18]. A los religiosos les resulta hoy difícil termi-
nar con su distanciamiento sin este contexto de fe.

Un religioso lo exponía del siguiente modo: «Durante algunos años estuve indignado con la Iglesia;
hasta que un día caí en la cuenta de que, sin ella, nunca
habría conocido a Jesús. Comprenderlo dio a mi indig-
nación otra perspectiva, y pude superarla». La experiencia actual de la Iglesia puede ser dura. La fidelidad
a la misma exige una creatividad y un ascetismo que
constituyen un reto. La solución más fácil, en una
época de transición como la nuestra, es abandonar. Sin
embargo, ninguna experiencia de distanciamiento se
resuelve sin la referencia última de la fe. Esta realidad
nos lleva a la pregunta final acerca de la relación de los
religiosos con la Iglesia.

---

17. Karl ADAM, *The Spirit of Catholicism,* The Macmillan
Company, New York 1931, p. 15.
18. Mary Catherine HILKERT, «Women Preaching the Gospel»,
Theology Digest 33/4 (invierno, 1986) 423-440.

3. ¿Cuál es la relación entre la Iglesia y el ministerio de los religiosos?

Para el religioso/a como ministro/a, la relación con la Iglesia se corresponde con otro nivel interpretativo. La vida religiosa carece de sentido sin una relación con Jesucristo, del mismo modo que la Iglesia carece de sentido sin fe en su misterio o que la propia congregación carece de sentido sin fe en su carisma. Creer que se llega a conocer a Jesucristo de un modo singular a través de la comunidad eclesial tiene una relevancia especial en el ministerio de los religiosos.

En la vida religiosa, la experiencia de que Dios está por encima de todo proporciona energía para la integración personal[19]. Aunque todo encuentro con Dios tiene muchas dimensiones –física, psicológica, biológica, social, política y cultural–, es la capacidad de toda experiencia humana de mediar la experiencia de Dios lo que atrae a los religiosos[20]. El sentido esencial de la vida religiosa implica responder a la experiencia de Dios de tal modo que la vida entera se reestructure y reoriente[21].

Esta respuesta a la experiencia de Dios es total. Como vocación, la vida religiosa abarca todas las esferas de la experiencia humana y está orientada hacia una relación coherente con Dios y con los demás seres humanos a lo largo de todo el ciclo vital[22]. Los votos simbolizan que la respuesta a Dios no sólo implica a la mente y la voluntad, sino que se extiende a la per-

---

19. Alejandro CUSSIANOVICH, *Religious Life and the Poor*, Orbis Books, New York 1975, pp. 21-43.
20. William A. BARRY, «Interpretation of Experiences Reveals Beliefs»: *Human Development* 9/2 (verano, 1988) 20.
21. Leonardo BOFF, *God's Witnesses in the Heart of the World*, Claret Center for Resources in Spirituality, Chicago 1981, p. 69 (trad. cast.: *Testigos de Dios en el corazón del mundo*, Publicaciones Claretianas, Madrid 1985³).
22. Helen FLAHERTY, «Religious Life in the US – A Guess at the Future», en (Robert Daly *et al.* [eds.]) *Religious Life in the US Church: The Dialogue,* Paulist Press, New York 1986, p. 303.

sona en su conjunto. La respuesta a Dios y al pueblo de Dios ocasiona una transformación y una vivificación de toda la persona[23].

El ministerio de un religioso/a refleja el núcleo de su vida: la relación con Dios. Del mismo modo que las palabras y los actos de Jesús reflejaban quién era, también el ministerio del religioso/a refleja que la fe en Dios constituye el centro de su modo de vivir. El testimonio de la vida religiosa consiste en poner a las personas en contacto con Dios y con su acción en sus vidas[24].

La acción de Dios se manifiesta en las muchas maneras que tienen las personas de anhelar plenitud o salvación: liberación del pecado, renacimiento ante la muerte en sus muchas formas, justicia ante la injusticia, curación ante la enfermedad... La vida religiosa, sin embargo, es una vida que implica transparencia. El religioso/a testimonia que en esas diversas experiencias de búsqueda de vida se encuentra la presencia de Dios. Algunos autores consideran el testimonio religioso una parábola más que un ensayo[25]. Prescindiendo de la imagen personal de la vida religiosa, los religiosos testimonian la presencia de Dios en medio de todas las trayectorias vitales.

Los religiosos experimentan el crecimiento en su vocación mediante la urgencia de amar a través del ministerio y, en sus últimos años, mediante la dimensión ministerial de su oración. Sin embargo, muchas

23. Sandra M. SCHNEIDERS, *New Wineskins: Re-imaging Religious Life Today,* Paulist Press, New York 1986, pp. 61ss.
24. Leonardo BOFF, *God's Witnesses in the Heart of the World,* op. cit., p. 84.
25. Para una descripción de la transparencia como un don del Espíritu Santo, véase Jules J. TONER, SJ, *A Commentary on Saint Ignatius' Rules for the Discernment of Spirits,* The Institute of Jesuit Sources, St. Louis 1962, pp. 69ss. Véase también John M. LOZANO, *Life as Parable: Reinterpreting Religious Life,* Paulist Press, New York 1986, pp. 38ss. Sandra M. SCHNEIDERS, *New Wineskins,* op. cit., p. 217. Leonardo BOFF, *God's Witnesses in the Heart of the World,* op. cit., pp. 85ss.

personas experimentan la urgencia de ayudar a los demás y orar por ellos. No es necesario ser religioso/a para hacer ninguna de las dos cosas. Los votos religiosos, sin embargo, expresan la motivación que subyace a la urgencia ministerial de los religiosos y la manera en que éstos la llevan a la práctica[26].

El discipulado concorde con los votos caracteriza al auténtico ministerio para los religiosos. Cuando éstos disciernen y responden a la necesidad real, avanzan en su intimidad con Jesucristo. Y la intimidad con Jesucristo y el ministerio son inseparables para los religiosos[27]. Jesucristo es el centro personal fundamental en el que encuentra plenitud toda conversión y todo progreso en la vida del religioso/a[28].

¿Cuál es la relación de la Iglesia con el ministerio de los religiosos? Los religiosos no practican un misticismo personal en el que la religión se reduzca a unos sentimientos íntimos ante Dios, sino que la naturaleza comunitaria y eclesial de la vida religiosa se pone de manifiesto en el bautismo. Sólo entramos en la alianza con Dios convirtiéndonos en miembros de la comunidad basada en la alianza: la Iglesia.

Los votos integran también a los religiosos en la comunidad de la alianza, que es más amplia. La comunidad, no meramente los individuos que son sus miembros, es copartícipe en la alianza con Dios[29]. El bautismo y los votos religiosos establecen el marco para una vida ministerial en la que los religiosos ope-

---

26. Véase la nota 9 del capítulo 9.
27. Véase Alejandro CUSSIANOVICH, *Religious Life and the Poor,* op. cit., pp. 40ss, donde ser hace hincapié en el equilibrio entre el sentido del Absoluto que fluye de la intimidad con Jesucristo y el análisis concreto de las auténticas demandas de nuestros contemporáneos, teniendo presente la opción por los pobres.
28. Para una descripción de las multifacéticas dimensiones de la conversión, véase Donal DORR, *Spirituality and Justice,* Orbis Books, New York 1984, pp. 8-18.
29. Thomas CLARKE, «Jesuit Commitment – Fraternal Covenant?, en *Studies in the Spirituality of the Jesuits,* op. cit., p. 79.

ran siempre a partir de los círculos entrelazados de la congregación y la Iglesia.

La profesión religiosa en una congregación constituye también una proclamación acerca del ministerio. Los religiosos afirman haber escuchado la promesa de Dios a través del servicio a los demás en la comunidad y en la Iglesia y están dispuestos a apostar su vida y su futuro por la fidelidad de Dios. Confían en que a través de su congregación y de la Iglesia recibirán la ayuda necesaria para ser fieles. Frente a todas las incógnitas del momento de su profesión, hacer los votos connota que el conocimiento de la acción de Jesucristo en la propia vida estará inseparablemente unido a la Iglesia.

Creer no elimina los problemas de la pertenencia y la fidelidad a la Iglesia actual. Tampoco elimina la necesidad de criticar a la Iglesia ni de aguijonearla para que sea fiel a su llamada al Reino. Pero, puesto que se trata de fe, ésta constituye un valor o centro que es la directriz de la acción. Como cualquier otra relación, la relación con la Iglesia no puede crecer sin fe y confianza.

Cuando las comunidades transformadoras reflexionan sobre su relación con la Iglesia, no buscan depender de ésta, sino estar en interdependencia con ella. Reflejan su alianza con Dios pensando con la Iglesia sobre cómo abordar las necesidades humanas y planetarias. También contribuyen a la vida de la Iglesia mediante la pertenencia activa a la misma, el desarrollo creativo de su renovación y la crítica sana cuando es necesario.

Reflexionar profundamente

En medio de la urgencia de la situación actual, las congregaciones necesitan discernir el valor que la pertenencia a la Iglesia tiene para ellas a la hora de abordar las necesidades del presente. Para los religiosos, la relación con la Iglesia repercute en diversas áreas del ministerio. Por ser miembros de la Iglesia, nuestro voto de obediencia está ligado a la misión de la comunidad eclesial. Estamos llamados a ser apostólicamente móviles. Para algunos religiosos, esta llamada a la movilidad apostólica está en conflicto con las tensiones de encontrar un trabajo. Sin embargo, la relación con la Iglesia proporciona al ministerio de los religiosos una valiosa orientación y hace de la seguridad en el empleo y la comodidad en la rutina valores de mucha menor importancia que la respuesta a las necesidades de la Iglesia. La vida religiosa está estructurada para que puedan asumirse los riesgos de promover la misión de la Iglesia.

Por otro lado, la relación con la Iglesia exige que los religiosos estén dispuestos a participar en la comunidad eclesial y, al mismo tiempo, a seguir su propio camino cuando desempeñan su ministerio. Esto también puede ser una fuente de conflictos. Los roles más fáciles en la Iglesia actual son o el de crítico a ultranza y reaccionario, o el de quien aborda todas las nuevas cuestiones desaprobando y denunciando. Cuando los religiosos asumen su relación con la Iglesia, mantienen vivo el recuerdo de los caminos de Dios mediante un sentido del culto y una vida sacramental que son esenciales para el ministerio.

Los religiosos aprenden acerca de la fe a través de la comunidad eclesial. Ésta lógica es la que fundamenta su disposición a arriesgarse a insertarse en el ministerio hoy. La fe de los demás en la Iglesia les abre a las exigencias de la conversión y fortalece su sentido de la solidaridad y la colaboración con cuantos recorren su mismo camino. La razón de que los religiosos desempeñen un ministerio es que en sus corazones son –como lo fueron sus fundadores y fundadoras– hombres y mujeres de la Iglesia. En medio del dolor y el desafío que supone cargar con la cruz de la Iglesia hoy, esta conciencia es esencial para su identidad como religiosos en un ministerio.

15
Carisma y nueva coparticipación

El carisma proporciona a las congregaciones religiosas su identidad básica[1]. Los fundadores y las fundadoras descubrieron que ciertos aspectos recurrentes del misterio de Dios constituían para ellos una diversidad de experiencias vitales. Si juntamos las piezas de su espiritualidad, vemos el especial carácter de su fe y del carisma de los grupos que fundaron[2].

La experiencia de Dios se ha expresado de diversas formas: servir a los pobres; evangelizar a través de la atención sanitaria o la educación; no estar enclaustrado, sino hacer del ministerio un foco integrador en la espiritualidad; ser internacional en lugar de diocesano... Su fe les hacía tender puentes entre su experiencia de Dios y los problemas de su tiempo[3]. El carisma no es simplemente su fe especial, sino que abarca también su modo de estructurar la vida de la congregación, a fin de que los demás puedan compartir su misma experiencia de Dios. Las congregaciones afrontan hoy el mismo desafío que esas grandes personalidades: refundar sus órdenes a través del mismo proceso.

---

1. Jean Marie RENFRO, SSS, «Religious Charism: Definition, Rediscovery and Implications»: *Review for Religious* 45/4 (julio-agosto 1986) 528.
2. Un paradigma para aproximarse a la espiritualidad de una congregación en términos de la fe del fundador/a se encuentra en Jon SOBRINO, «The Faith of Jesus», en *Christology at the Crossroads,* op. cit., pp. 79-145.
3. En el sentido más profundo del término, esto se denomina «ideología»: un sistema necesario de medios y fines. Véase Carl STARKLOFF, «Ideology and Mission Spirituality»: *Review for Religious* 45/4 (julio-agosto 1986) 554-566.

Transmitir el carisma hoy

Una cuestión clave para las congregaciones hoy es la transmisión de su carisma. Todos los carismas eran atractivos porque hacían referencia a una conexión efectiva entre una profunda experiencia de fe y un clamor de la época[4]. El trabajo que la nueva orden realizaba en su momento comunicaba el mensaje de la redención de Dios, porque satisfacía una importante necesidad de su tiempo. Sin ese maridaje entre la intuición espiritual y la necesidad sentida, ningún carisma habría atraído seguidores.

Un problema para transmitir el carisma hoy es la dificultad de conectar un carisma que estuvo en el pasado ligado a una única tarea con la variedad de ministerios que desempeñan hoy muchas congregaciones. Durante la renovación, muchas comunidades hicieron menos hincapié en las instituciones y se centraron en satisfacer nuevas necesidades y en ayudar a sus miembros a encontrar y desarrollar sus dones y talentos personales para el ministerio. Y esto ha tenido como resultado la revivificación entre los religiosos del sentido de la conexión entre el trabajo y la vida.

Cuando las congregaciones tenían un único ministerio, la transmisión del carisma se veía estrechamente vinculada al apoyo a la tarea concreta. Pero esto es algo que la mayoría de las congregaciones ya no pueden hacer. Aunque algunas congregaciones mantienen a muchos miembros en su ministerio formal principal, otros de sus miembros están también implicados en otras acciones dirigidas al cambio social, al ministerio educativo, a la atención sanitaria o al trabajo pastoral.

Los centros institucionales de los ministerios pastorales siguen siendo importantes. Dichos centros pueden constituir un signo o sacramento del carisma de la congregación que puede proporcionar solidez y ser un

---

4. Bernard J. LEE, SM, «A Socio-Historical Theology of Charism»: *Review for Religious,* 48/1 (enero-febrero 1989) 124-135.

testimonio para quienes desempeñan los nuevos ministerios y misiones. Quienes se encuentran en nuevas situaciones pueden constituir un desafío para que esos centros institucionales incorporen sus nuevos conocimientos y se mantengan al día. La institucionalización del carisma no debe limitarse a los centros ministeriales establecidos hace mucho tiempo, porque las nuevas necesidades pueden requerir también que la inversión que suponen esas grandes tareas se dirija a otros lugares. La cuestión es en qué nuevos lugares debe cumplimentarse esa encarnación del carisma tan esencial.

Para hacer el carisma más visible hoy, sin embargo, estas nuevas capacidades y ministerios deben integrarse en proyectos más comunitarios que puedan tener un impacto en un área local. Sin esta satisfacción de necesidades más corporativa –ya sea a través de equipos ministeriales que realicen diferentes tareas, ya sea mediante esfuerzos de cooperación entre congregaciones con carismas complementarios–, la transmisión del carisma será difícil, porque éste será imperceptible.

Para la transmisión del carisma es clave también la atención al cambio en el contexto social. Teológicamente, el movimiento desde la época de la creación de muchas congregaciones religiosas ha ido hacia una gradual aceptación del mundo como lugar del desarrollo personal y espiritual. Ello ha dado origen a la necesidad de un tipo de evangelización centrada en cómo estar íntegramente en la sociedad, en lugar de apartarse de ella.

En una sociedad en la que a muchos les es posible optar, para suscitar la coparticipación en el ministerio hay que apelar a esa libertad. Tanto los nuevos miembros como los asociados pretenden responder estas preguntas: «¿Qué puedo hacer con la libertad que encuentro en mi vida?; ¿qué tipo de contribución puedo realizar?». Las congregaciones que, a través de proyectos concretos, puedan ofrecer alternativas viables al nihilismo, el determinismo y el individualismo como únicas respuestas a los problemas actuales atraerán a las personas a unirse a su ministerio, y así transmitirán su carisma.

Una relación peculiar con la Iglesia

La mayoría de las congregaciones tienen un enfoque local o nacional, aunque también pueden tenerlo internacional, a la hora de interpretarse a sí mismas. Independientemente de su tradición, para transmitir el carisma hoy se precisa un sano vínculo entre la Iglesia local y la global. Y la realidad de la perenne expansibilidad de la gracia de Dios es central para cualquier autointerpretación. Todos los carismas reflejan la conciencia de que el Espíritu de Dios se revela en nuevos ámbitos[5]. Sin embargo, en la Iglesia actual esta novedad suele hacerse evidente en la vinculación entre la Iglesia global y la local.

También es un lugar común en la historia de la Iglesia que a las nuevas pruebas de la gracia y de la vida se les oponen enormes obstáculos. La interpretación de los carismas hoy tiene que tener esto en cuenta. Las congregaciones necesitan relacionar su propia historia con los problemas que afrontan los habitantes del mundo y los miembros de la Iglesia que están en peregrinación hacia una vida más humana. Para hacerlo, las congregaciones deben realizar el análisis social necesario para reinterpretar su historia en los términos de las historias reales de cuantos sufren en el mundo. En los Estados Unidos, los ámbitos principales de esta contienda parecen ser las preocupaciones de las mujeres, los problemas de los hispanos en la Iglesia y en la sociedad y la lucha contra el racismo y la pobreza.

---

5. Este enfoque de la vida religiosa y su apertura a lo inesperado se desarrolla en Johannes B. METZ, *Followers of Christ,* Paulist Press, New York 1978.

Naturalmente, centrarse en los problemas mundiales equivalentes a la luz del carisma vincula la vida eclesial local y la global. Las nuevas crisis que se plantean en la atención sanitaria, la ecología, la guerra y la paz, la deuda internacional, las desigualdades Norte-Sur y el impacto de Asia y África en la conciencia mundial son áreas vitales en las que las congregaciones pueden rearticular la actualidad de su carisma y, de ese modo, asegurar su transmisión.

La actitud respecto de los pobres

Para muchos fundadores y fundadoras, los pobres eran los niños y las familias pobres. Hoy existen nuevas categorías para la identificación de los pobres que son esenciales para la traducción del carisma. Entre esas categorías, cuatro parecen especialmente importantes. La primera es que no sólo hay personas pobres, sino también naciones pobres[6]. La interpretación del carisma hoy tiene que abarcar a las naciones subdesarrolladas y hacer que sus necesidades sean elementos del enfoque que la congregación tiene de su misión.

La segunda categoría es que los pobres son una clase social, no meros individuos. Dado que su experiencia de la vida está ligada a su lugar en la sociedad, no sólo a su carácter y logros personales, la interpretación del carisma tiene que basarse en un análisis social que tenga esto en cuenta. Debe darse prioridad a los ministerios que tengan el potencial de posibilitar la movilidad ascendente de los pobres, no a los que se centren en subvenir sus necesidades inmediatas[7].

---

6. Donald DORR, *Option for the Poor: A Hundred Years of Vatican Social Teaching,* Orbis Books, New York 1983, pp. 139ss.
7. Véase Francis SCHUSSLER FIORENZA, «Political Theology and Liberation: an inquiry into their fundamental meaning», en (T. McFADDEN), *Liberation, Freedom and Revolution,* Seabury Press, New York 1975, p. 17.

La tercera categoría es que los pobres no sólo están marginados en el aspecto económico, sino también en el político[8]. La interpretación del carisma a la luz de las necesidades de los pobres debe tener en cuenta las iniciativas ministeriales que les permitan lograr poder político y social, no mera estabilidad económica.

La cuarta categoría es que la opción por los pobres teológicamente apunta al hecho de que el Espíritu se manifiesta en ellos. Esto los constituye en canales estructurales para encontrar la verdad de la Iglesia y la dirección y el contenido de su misión actual[9]. De ahí que el servicio a los pobres no sea tan sólo un aspecto del trabajo de muchas congregaciones, sino el ministerio que las mantiene ligadas a la dirección y el contenido de la interpretación de su carisma.

La llamada a una nueva corporatividad

Actualmente, muchos religiosos sienten que se necesita una nueva corporatividad para que la visión de su carisma pueda adquirir una forma visible. Y saben que esa forma no puede consistir simplemente en una nueva uniformidad en el ministerio. El carisma no puede reducirse a una única expresión concreta. Por otro lado, el carisma se marchita sin un modo de vida visible que lo encarne. La paradoja del carisma es que no se trata de una mera visión, sino de una vida que adopta forma visible.

---

8.   Donald DORR, *Option for the Poor,* op. cit., p. 222. Donde Dorr analiza el criterio humanístico de Juan Pablo II al evaluar diversos sistemas políticos y económicos en *Redemptor Hominis.* «...el criterio fundamental para comparar los sistemas sociales, políticos y económicos... debe ser... el criterio humanístico, es decir, la medida en que cada sistema es realmente capaz de reducir, refrenar y eliminar en la medida de lo posible las variadas formas de explotación del hombre y de garantizarle a través del trabajo no sólo la justa distribución de los indispensables bienes materiales, sino también la participación, conforme a su dignidad, en todo el proceso de producción y en la vida social que se desarrolla en torno a dicho proceso».

9.   Jon SOBRINO, *The True Church and the Poor,* op. cit., p. 95.

La cuestión que han de afrontar las congregaciones religiosas es qué dirección da su carisma a su ministerio cuando se encuentran ante el comienzo de un nuevo milenio. La evidencia empírica indica que es probable que la colaboración sea uno de los principales medios de que los religiosos expresen su carisma[10]. Si es así, esa colaboración no puede limitarse a ser un vago sentido de unión espiritual entre ministros sacerdotes, religiosos y laicos escasamente organizados, sino que debe consistir en un nuevo modo de organizar y entender la misión.

La colaboración como otro modelo ministerial

Durante la mayor parte de este siglo, los religiosos se han interpretado a sí mismos en el terreno del ministerio mediante un modelo sumamente institucionalizado. Más tarde, para subvenir a las nuevas necesidades, muchas congregaciones aplicaron un enfoque de la misión caracterizado por la elección individual del propio ministerio, que reflejaba un modelo más personalizado. En este estadio, algunos grupos están salvando los desfases creados por algunos de estos cambios y pidiendo nuevas instituciones que les proporcionen mayor sentido de la identidad y apoyo en su ministerio.

Cuando las palabras «institución» o «estructura» surgen en la conversación, normalmente se piensa en muchas reglas y políticas prácticas, y el debate se detiene con un cortés pero firme «No gracias». Sin embargo, la nueva imagen de la institución que puede obviar las tensiones entre los extremos constituidos por el exceso de personalismo y la hiperinstitucionalización es una imagen en la que las reglas y el carisma

10. Helen FLAHERTY, «Religious Life in the US – A Guess at the Future», *op. cit.*, p. 301.

guardan un mejor equilibrio[11]. Debería estructurarse en orden a experimentar y ver las cosas de manera diferente: la vida antes que la muerte[12]. La colaboración será un elemento clave de este modelo.

En lenguaje teológico, el futuro no es una «institución», como la «Iglesia», la sociedad perfecta en la que se hace hincapié sobre todo en la estabilidad, sino que el futuro de las congregaciones religiosas puede caracterizarse por el trabajo del Espíritu, que consiste en unir. Las congregaciones están llamadas a llevar la esencia y la estabilidad del núcleo de la Iglesia –Jesucristo– a la conciencia del mundo y a ser eficaz en él[13].

Establecer mejores conexiones

En el futuro, el componente institucional del ministerio tiene que cambiar no sólo para ayudar a las congregaciones a lograr mayor sentido de su identidad, sino también para satisfacer las nuevas necesidades. Las personas necesitan establecer conexiones entre Dios y la vida; los ministros necesitan establecer conexiones entre la Iglesia y el mundo; y las congregaciones necesitan establecer conexiones entre sus comunidades y una Iglesia y una sociedad en rápido cambio.

Las conexiones establecidas por el ministerio tienen que ser más que inspiradoras, pues deben estar también orientadas hacia un uso prudente de los recursos personales y económicos para el ministerio. Las congregaciones tienen que preocuparse por alcanzar la estabilidad económica y por tener personas para reali-

11. Donald L. GELPI, «The Church: Sacramental and Charismatic, Avoiding False Dichotomies»: *Church* (primavera 1987) 19-24.
12. Juan Luis SEGUNDO, *Historia y Actualidad: Sinópticos y Pablo,* Cristiandad, Madrid 1982, p. 503. Véase este trabajo también como *The Humanistic Christology of Paul,* Orbis, New York 1987.
13. Avery DULLES, *The Catholicity of the Church,* op. cit., pp. 44ss.

zar el trabajo que se han propuesto. En el futuro no parece que el modelo del ministerio vaya a ser la institucionalización de la Iglesia, sino su reinserción. Esto sugiere que el futuro del ministerio en las congregaciones religiosas no ha concluido, sino que simplemente es distinto.

Este nuevo componente institucional del ministerio, que incluye una mayor colaboración, se fundamentará en una razón teológica diferente. En lugar de un enfoque institucional que subraye la encarnación –estableciendo imágenes estables y permanentes de la labor redentora de Cristo en las personas–, el nuevo modelo subrayará la labor del Espíritu –unir a las personas a la Iglesia y a ésta al mundo–. Éste es el estilo basado en la colaboración, en lugar de en la institucionalización. Una breve incursión en la labor del Espíritu y en el estilo de ministerio que brota de ella puede ilustrar esta nueva fundamentación.

El Espíritu Santo y un nuevo estilo de ministerio

El Espíritu Santo, que es el principio femenino en la Trinidad, constituye el vínculo de amor entre el Padre y el Hijo y une la Palabra a la humanidad de Jesús[14]. Un ministerio basado en la colaboración es ante todo unificador. Como estilo de ministerio, pretende unir a las personas entre sí, a la Iglesia y a su yo más profundo, liberándolas para madurar en concordancia con las más urgentes necesidades personales y sociales. Trata de crear unidad entre la gran diversidad sin violar la singularidad de los individuos.

Es importante subrayar que la labor del Espíritu Santo no consiste en añadir nada a la revelación de Jesucristo, sino que el Espíritu ayuda a la gente a com-

---

14. *Ad Gentes,* n. 4. En (Walter M. Abbott [ed.]) *The Documents of Vatican II,* Herder and Herder, New York 1966. Véase también Juan Luis SEGUNDO, *Our Idea of God,* Orbis Books, New York 1973, p. 33.

prender las palabras de Jesús desde dentro, a introyectar esas palabras a la luz de la fe y a descubrir toda su riqueza y sus posibilidades históricas. Un ministerio basado en la colaboración se compromete en el diálogo entre los propios religiosos, así como con sus colegas y con las personas que no hablan su lenguaje religioso o cultural. Mediante ese diálogo pueden captar mejor la Palabra y extraer su significado para la acción transformadora en el mundo.

La labor del Espíritu consiste también en la presencia. El Espíritu es la presencia continua que ilumina y preserva la verdad de la alianza de Dios con los hombres y las mujeres, a pesar del cambio y la oscuridad inherente de sus vidas. Cuando y donde los valores de Jesús son más oscuros, es más necesaria esa presencia ininterrumpida[15]. Mediante sus diversos esfuerzos en colaboración, una congregación puede proporcionar esa presencia y extender su potencial a través de los demás. La presencia comprometida de una congregación a través de sus esfuerzos colaborativos puede transmitir esperanza en situaciones de lucha y fortalecer a cuantos quieren creer que los valores de Jesús merecen su esfuerzo. Esto concreta la labor del Espíritu frente al temor que muchos experimentan hoy a la desintegración de la presencia de la Iglesia.

Las ramificaciones del ministerio

¿Cuáles serán las ramificaciones de un estilo de ministerio basado en la unificación, el diálogo y la presencia comprometida? En primer lugar, la colaboración no está dirigida fundamentalmente a la pertenencia, sino que se centra en vincular a las personas a la Iglesia y a ésta al mundo. La plena pertenencia a una congregación religiosa, mediante unos votos, brota del interés por este proyecto, pero no es esencial para él.

---

15. Josef PIEPER, *The Four Cardinal Virtues,* University of Notre Dame Press, Notre Dame 1966, p. 128.

En segundo lugar, la colaboración debe tener como objetivo poner de manifiesto el sentido de la actividad de Dios en el mundo de un modo nuevo, no recrear un modelo anterior. Esto tiene un sentido especial para cuantos luchan por crear nuevas asociaciones y federaciones de comunidades religiosas existentes. Una actitud colaboradora apoya también la creciente cooperación interna entre las congregaciones o entre quienes comparten una inspiración común en el nivel nacional e internacional.

Finalmente, un estilo de ministerio colaborador tiene como prioridad el discernimiento continuo y la acción por el desarrollo de la tarea de la Iglesia. La presencia de las congregaciones en los esfuerzos por establecer una colaboración necesita de discernimiento, a fin de ver si es coherente con sus respectivos carismas. Los grupos no pueden colaborar en todo y con todo el mundo de manera formal, sino que necesitan establecer algunas prioridades en torno a las cuales asociarse. Este nuevo estilo de colaboración tiene que permitir también que el Espíritu transforme nuestros corazones. A continuación comentaré brevemente esta última idea.

Características de la relación de colaboración

Tradicionalmente, la vida religiosa ha sido entendida como una vocación superior en la Iglesia. Después del Vaticano II se reafirmó más la vocación secular de la vida cristiana y se puso menos énfasis en la vocación peculiar de la vida religiosa[16]. Cuando la identidad religiosa no está clara, puede haber la tendencia a simplemente negar que tenga identidad alguna en la Iglesia, o puede tenderse a reforzar su identidad manteniendo unas relaciones y estructuras dominadoras para hacer permanente la desigualdad anterior. Dado que la

---

16. Bonaventure KLOPPENBURG, *Ecclesiology of Vatican II*, Franciscan Herald Press, Chicago 1974, pp. 294-308.

mayor parte de lo dicho en los capítulos precedentes ha tenido que ver con el primer tema, en las páginas siguientes abordaremos el segundo.

De modos informales, las personas insertas en un ministerio de las diferentes congregaciones han practicado la colaboración durante años. Sin embargo, de modo formal están justamente ahora iniciando unos nuevos esfuerzos en torno a la colaboración. En estos momentos parece importante estudiar cómo podría incidir en esos nuevos esfuerzos la relación entre la dominación y la identidad.

Jean Miller, en su libro *Toward a New Psychology of Women*, indica que en una sociedad que aspira a mantener una desigualdad permanente ocurre lo siguiente: 1) quien domina califica al subordinado de inferior; 2) quien domina asigna al subordinado las tareas desagradables, reservándose para él las que prefiere; 3) quien domina afirma que el subordinado es incapaz de realizar las tareas que el dominador prefiere; y 4) quien domina determina lo que es «normal» en la situación[17].

Es de suma importancia que los nuevos esfuerzos orientados a la colaboración se estructuren de un modo que tenga presente los problemas de la dominación. Lo que complica esta empresa es que hay religiosos en ambos lados. En algunas relaciones de colaboración, especialmente en las estructuras eclesiales, los religiosos pueden experimentarse a sí mismos como dominados. Sin embargo, como agentes de la colaboración pueden convertirse en el dominador. Además, existen otros factores que tienen que ver con la relación ministerial hombre-mujer en la Iglesia, puesto que las tensiones en torno al género son probablemente de las más cruciales en la Iglesia actual.

---

17. Analizado en Mary SHEEHAN y Barbara WHEELEY, «Psychological Aspects of a Search for Truth»: *Human Development* 9/2 (verano 1988) 13-16.

Esta situación tiene repercusiones en el estilo del ministerio, y no sólo para los individuos, sino también para las congregaciones. Las personas que llegan a las congregaciones religiosas para establecer relaciones de coparticipación son cristianos adultos miembros de un movimiento eclesial más amplio, el de la madurez en la Iglesia. Aportan sus dones al trabajo de la congregación, pero también su ira, su autonomía y una gran experiencia. Esto contribuirá a las luchas en las que las congregaciones ya se están debatiendo consigo mismas: diferencias de opinión, expectativas de relaciones adultas y necesidad de autodirección. Si los religiosos y sus congregaciones están dispuestos a abandonar las imágenes periclitadas del ministerio, se involucrarán en esta Iglesia madura y colaborarán verdaderamente en su nueva vida. También exigirán que la Iglesia les responda de manera coherente con su potencial y serán lo suficientemente pacientes como para forjar ellos mismos unas relaciones constructivas.

La fe en la esencia del carisma de una congregación cuando afronta los nuevos desafíos afirma la importancia de la vida religiosa. El ministerio laico está hoy llegando a las mismas conclusiones. Muchos ministros laicos necesitan de alguna institución que los apoye en el desarrollo espiritual y ministerial que precisan a largo plazo. Esas personas no buscan una estructura jurídica ni un pseudo-matrimonio, sino una confraternización en la que sus incipientes acciones y la nueva Iglesia puedan encontrar enfoque, así como criterios para realizar una evaluación y ocuparse de la comunidad. La confraternización, el diálogo y la presencia comprometida de las congregaciones religiosas, hechos realidad gracias al ministerio, pueden constituir el fundamento de una nueva coparticipación con esos nuevos compañeros en la vivencia del carisma hoy.

La pertenencia a través de los votos

Hemos sugerido que la interpretación teológica del ministerio está relacionada con la interpretación de la Iglesia. Un modelo de Iglesia basado en Cristo subraya que la Iglesia es su encarnación permanente. Sin embargo, un modelo de Iglesia pneumatológico o basado en el Espíritu Santo subraya que los frutos de la redención de Cristo están continuamente presentes de modos nuevos e inesperados[18]. Los eclesiólogos nos recuerdan que una teología completa de la Iglesia tiene que evitar ambos extremos y ser trinitaria. Debe establecer un equilibrio fecundo entre la estabilidad y la novedad[19].

¿Qué significa esto para las congregaciones religiosas cuando afrontan el nuevo desafío de la creciente colaboración? Aunque el área de la colaboración sea de gran trascendencia para el futuro, también es importante tener presente que los miembros permanentemente consagrados de una congregación son la encarnación de su carisma de un modo irreemplazable. Al igual que la Palabra se hizo carne, los miembros consagrados de una comunidad religiosa unen, mediante su compromiso permanente, su vida entera a su carisma.

En este sentido, la persona permanentemente consagrada puede ser para cuantos buscan nuevas formas de compromiso en las congregaciones religiosas lo que la Iglesia es para sus miembros. (Rahner dice que la visibilidad de la Iglesia tiene que ver con su capacidad aglutinadora[20]). Gracias a la Iglesia, los miembros

---

18. Michael SCHMAUS, *Dogma 4 The Church,* Sheed and Ward, New York 1972, p. 84.
19. Avery DULLES, *The Catholicity of the Church,* op. cit., p. 47. «El Dios trino que se comunica a sí mismo en la Palabra encarnada y en el Espíritu Santo es el origen y el fundamento de la catolicidad».
20. Karl RAHNER, *The Christian and the Future,* Herder and Herder, New York 1967, p. 88.

encuentran ayuda visible y poder real para descubrir el misterio de sus personas que aún permanece oculto. Análogamente, la revelación continua del significado de la vida consagrada en la vida religiosa actual puede ser también un centro a través del cual puedan encontrar estabilidad y significado las nuevas formas de expresión. Esas nuevas formas de expresión, como las de los siglos anteriores, estarán de algún modo apoyadas por la entrega y el discernimiento, que han hecho siempre de la vida consagrada un compromiso adquirido por elección.

Epílogo:
Un compromiso
adquirido por elección

¿Qué supone la opción por la vida religiosa en la Iglesia actual? En estas páginas hemos tratado de explorar esta cuestión tanto desde la perspectiva de los individuos que optan por el compromiso religioso como desde la perspectiva de las congregaciones que continúan el proceso de renovación. El hecho de que la vida religiosa sea un compromiso adquirido por elección parece incluso más evidente cuando estoy finalizando la redacción de este texto.

Ser religioso/a conlleva la opción por ser contracultural y distanciarse de las definiciones de autonomía vigentes en la sociedad actual. Como postura adulta en la Iglesia, conlleva la opción de asumir la responsabilidad, mediante unos votos, de intentar conseguir un mundo mejor. Esto exige la opción por creer y entregarse frente a la escasez de miembros, las crecientes preocupaciones económicas y las crisis provocadas por la pobreza mundial y el escepticismo actuales. Esta opción es necesaria para asumir los riesgos de continuar elaborando respuestas ministeriales creativas y esforzándose por alcanzar la colaboración.

Sin embargo, las opciones de los religiosos en los últimos treinta años han creado también la experiencia religiosa actual. Juan Luis Segundo, mentor teológico cuyas obras he citado a menudo, ha comentado en su libro *Faith and Ideologies* que la libertad humana es de tal naturaleza que mantener una opción durante un período de tiempo hace cada vez menos posible la revocación de la misma. Paradójicamente, el uso de la libertad limita su ámbito. Una opción lleva a otra. Y las preferencias comienzan por excluir otras opciones como manifestaciones lógicas de la propia persona.

Esto es verdadero para las congregaciones religiosas que han trabajado por la renovación durante los últimos treinta años. El riesgo que conllevaban pasadas opciones hace imposible que las cosas continúen como estaban y seguir saludablemente adelante. Negarse a continuar el cambio conlleva una pérdida de sentido y exigiría el rechazo de los valores que han guiado a las congregaciones hasta el momento. En orden a continuar promoviendo la dignidad de las personas, insistiendo en la necesidad de justicia y contribuyendo a la renovación continua de la Iglesia, los religiosos deben avanzar en su renovación.

El futuro de la vida religiosa sólo supondrá la marcha atrás en el proceso renovador que se ha desarrollado hasta el momento si los religiosos dejan de optar y se retraen por temor o incurren en unas relaciones adictivas. La libertad que los religiosos ya han ganado les ha pertrechado para afrontar los vientos opuestos de nuestro tiempo y para crear nuevas posibilidades en un mundo en transición. Ojalá que estas páginas sirvan en alguna medida para continuar esa maravillosa travesía guiados por unos corazones que han sabido durante muchos años cómo optar y cómo amar.